# MEDO E DIREITO PENAL

**Reflexos da expansão punitiva na realidade brasileira**

W489m  Wermuth, Maiquel Ângelo Dezordi.
    Medo e direito penal: reflexos da expansão punitiva na realidade brasileira / Maiquel Ângelo Dezordi Wermuth. – Porto Alegre: Livraria do Advogado Editora, 2011.
    173 p.; 23 cm.
    Inclui bibliografia.
    ISBN 978-85-7348-733-6

    1. Direito penal. 2. Medo do crime. 3. Criminalidade. 4. Processo penal. 5. Segurança. 6. Política criminal - Brasil. I. Título.

    CDU 343.2
    CDD 341.5


    Índice para catálogo sistemático:
    1. Direito penal                                343.2


    (Bibliotecária responsável: Sabrina Leal Araujo – CRB 10/1507)

Maiquel Ângelo Dezordi Wermuth

# MEDO E DIREITO PENAL

Reflexos da expansão punitiva na realidade brasileira

Porto Alegre, 2011

© Maiquel Ângelo Dezordi Wermuth, 2011

*Projeto gráfico e diagramação*
Livraria do Advogado Editora

*Revisão*
Rosane Marques Borba

*Direitos desta edição reservados por*
**Livraria do Advogado Editora Ltda.**
Rua Riachuelo, 1338
90010-273 Porto Alegre RS
Fone/fax: 0800-51-7522
editora@livrariadoadvogado.com.br
www.doadvogado.com.br

Impresso no Brasil / Printed in Brazil

Aos costumes, à minha mãe...

## Agradecimentos

Ao Prof. Dr. André Luís Callegari, pela paciência, disposição, amizade e sabedoria, bem como pela fé depositada em meu trabalho.

À Prof. Dra. Mariângela Gama de Magalhães Gomes, pela leitura atenta e pelas sugestões enriquecedoras.

Ao Programa de Pós-Graduação em Direito da UNISINOS e à CAPES, por terem tornado o sonho possível.

## Prefácio

Prefaciar o trabalho do professor Maiquel Wermuth é motivo de orgulho e satisfação. Os trabalhos de qualidade não só enriquecem os programas de Pós-Graduação em Direito como nós fazem ver que vale a pena o trabalho desenvolvido.

O escrito teve origem nas aulas do Mestrado em Direito da Unisinos e já naquele momento se desenhava um projeto de um livro sólido com as ideias que estão marcando o Direito Penal nesta quadra da história.

O autor soube analisar a Política Criminal de expansão do Direito Penal, a criminalização de novas condutas e os reflexos desse novo modelo expansivo em nosso ordenamento jurídico. A observação que a obra contempla está dentro de uma nova realidade em que há uma antecipação do Direito Penal para a proteção de novos bens jurídicos, justificada pela insegurança da sociedade em face de uma "nova criminalidade".

O anseio da população nunca foi tão grande por políticas preventivas ou de segurança e o Direito Penal é utilizado como a carta estratégica pelos governantes para dar resposta aos cidadãos assustados com a violência que se espalha nas grandes cidades.

É certo que depois de 11 de setembro de 2001 o mundo jamais será o mesmo. O atentado das torres gêmeas foi um marco decisivo na política mundial de segurança e trouxe junto as suas implicações na política criminal de vários países. Os reflexos foram logo sentidos com o recrudescimento do Direito Penal e Processo Penal para determinados delitos. A prisão em determinados casos passou a ser a regra, permitindo-se o encarceramento provisório por mera suspeita de participação em grupos de crime organizado ou terrorismo. Centenas de pessoas foram presas pelo mundo sem uma acusação formal ou com provas, as regras processuais foram esquecidas e os direitos e garantias individuais não passaram de ficção em determinados momentos.

O problema de toda essa política da guerra contra o terror é que ela também se revelou eficaz para vender segurança em outros ramos do Direito Penal. Assim, o tráfico internacional de drogas, os crimes de lavado de ativos e as organizações criminosas serviram como porta de entrada dessa nova política criminal expansiva. Em face disso, vários países cambiaram suas legislações rapidamente, aproveitando-se de um momento em que a população estava fragilizada para implementar novas políticas de segurança do cidadão.

A colaboração de alguns setores da mídia também se revelou fundamental na hora da mobilização por segurança, pois, como se sabe, um dos assuntos que mais vende é o da violência. A insegurança vendida nem sempre é a real ou a sentida, mas, não importa, misturam-se conceitos de risco e insegurança na sociedade moderna como motores de uma nova política social. Assim, as campanhas e debates por penas mais altas e de longa duração são incentivadas e vistas com bons olhos pela população que teme ser a vítima do próximo delito. A solução se torna fácil: mais Direito Penal. A população se esquece de que esta política criminal expansiva atua preferencialmente nos delitos tradicionais, aumentando as penas dos crimes já existentes, atuando justamente contra a população que pugna por mais segurança.

Alguns autores desdenharam o modelo de velocidades do Direito Penal e da política penal da expansão que se desenvolve rapidamente em todos os países. Isso se deve ao fato de não conseguirem alcançar o que vem ocorrendo na política de segurança internacional após o atentado das torres gêmeas. Preferem ficar discutindo sobre a proteção dos bens jurídicos, enquanto a história passa sob seus olhos. São da velha teoria de que é melhor matar o mensageiro que trás a carta com a má notícia.

Por isso que este livro merece ser lido. Nele o leitor poderá compreender a verdadeira dimensão do que vem ocorrendo na sociedade. Propositalmente se misturam conceitos de risco e insegurança como fatores que justificam uma nova política criminal expansiva. O risco é inerente à sociedade tecnológica e serve para o nosso desenvolvimento, mas, a insegurança não é decorrente desta sociedade de risco. A insegurança é justificadora de políticas penais expansivas despreocupadas com as classes menos favorecidas (quem não pode consumir não é classe), portanto, deve ficar excluída da sociedade, ou melhor, segregada. A obra trará com clareza isso quando trata do combate à criminalidade tradicional e menciona a utilização do Direito Penal como instrumento de gestão de controle social e gestão das camadas subalternizadas da sociedade.

Assim, a insegurança que sentimos ou que nos é vendida não é produto dos avanços tecnológicos que vivenciamos, mas, de políticas públicas equivocadas, dirigidas a apartar do meio social os supostos agressores, ou, os futuros delinquentes. O Direito Penal volta as suas baterias ao sujeito pelo seu modo de vida ou como ele se comporta, traduzindo-se tudo isso em um Direito Penal do autor e não da culpabilidade. Esta é a moderna tendência do Direito Penal, não se reprova o fato, mas, o sujeito.

O livro assim está dividido em duas partes. Na primeira parte o leitor poderá sentir o fenômeno do medo no Direito Penal, fruto da globalização de uma sociedade de risco com avanços tecnológicos. Nesta parte se demonstrará a preocupação e a reclassificação do Direito Penal na proteção de novos bens jurídicos, decorrentes de uma sociedade em constante transformação. Os bens jurídicos que antes pertenciam a outros ramos do Direito passam agora à proteção do Direito Penal, porém, com implicações processuais, penais e de execução da pena. A abordagem da obra compreende a dimensão do Direito Penal simbólico e da política populista de um lado, e o Direito Penal do Inimigo de outro, que, podem ser vistos com o a outra face de uma mesma moeda.

Na segunda pare do livro Maiquel examina um problema esquecido pela maioria dos autores, que é o medo do Direito Penal. A abordagem penal e sociológica do livro demonstra qual a função desempenhada pelo sistema punitivo no Brasil e se esta corresponde àquela desempenhada desde a época da escravidão. A análise feita pelo autor revela que o Direito Penal não sofreu grandes alterações nas últimas décadas, ao menos no que diz respeito às classes que pretende atingir.

O autor demonstra que o Direito Penal segue sendo o mesmo para determinadas classes, onde desponta o seu caráter desumano e seletivo, fato que sempre se revelou na política criminal brasileira. O medo da pena e dos agentes do sistema penal sempre foi uma forma de e controle social. É histórico que a clientela preferencial do sistema penal são as pessoas menos favorecidas, assim como os delitos mais apenados incidem justamente sobre estas pessoas.

O leitor certamente tem em suas mãos um grande livro que é fruto de uma pesquisa séria e dedicada do autor, onde se demonstra a política criminal da globalização fruto da sociedade do risco e da expansão do Direito Penal (o medo no Direito Penal) e também deixa claro de outro lado que seguimos com os mesmos destinatários de sempre como sujeitos do Direito Penal (o medo do Direito Penal).

Assim, só resta dizer que é um dos bons livros que merece ser lido.

Porto Alegre, verão de 2011.

*Prof. Dr. André Luís Callegari*
Coordenador Executivo do Programa de
Pós-Graduação em Direito da Unisinos.

# Sumário

Apresentação – *Mariângela Gama de Magalhães Gomes* .................. 15

Introdução .................................................. 19

**1. O papel do medo *no* Direito Penal** ............................... 25
   1.1. O medo como ideia motora do processo de expansão do Direito Penal . 25
   1.2. A suplantação do estado social pelo estado penal ................. 36
   1.3. A influência dos meios de comunicação de massa no processo de expansão do Direito Penal ...................................... 44
   1.4. O Direito Penal simbólico ....................................... 52
   1.5. O Direito Penal do inimigo: resposta simbólica à megacriminalidade . 61
   1.6. O paradigma da segurança cidadã e a retomada do repressivismo .... 70

**2. O papel do medo *do* Direito Penal** ................................ 91
   2.1. Reflexos do processo de expansão do Direito Penal na realidade brasileira .................................................... 91
   2.2. O medo *do* Direito Penal e a disciplina dos corpos indóceis na construção da ordem burguesa no Brasil ....................... 95
   2.3. O medo *do* Direito Penal e a implantação (e manutenção) do modelo neoliberal ........................................... 113
   2.4. "Você sabe com quem está falando?": a construção imagética do medo *do* Direito Penal ........................................ 133
   2.5. O reforço da "cápsula de contenção" do Estado de polícia como missão do Direito Penal no Estado Democrático de Direito brasileiro . 139

Considerações finais ....................................... 159

Referências ................................................ 169

## Apresentação

O estudo do direito penal à luz de seu papel na sociedade é tema tão instigante e problemático que são inúmeros os trabalhos acadêmicos que têm por objetivo analisar a função que o sistema punitivo desempenha na coletividade, seja para justificar sua utilização, seja para criticá-la. Não são todos, no entanto, que conseguem trazer algo novo ao debate e contribuir, de fato, para a sua compreensão.

Tendo em vista essa realidade, foi com grande prazer e satisfação que tive a oportunidade de ler e examinar a dissertação de mestrado apresentada por Maiquel Ângelo Dezordi Wermuth à Universidade do Vale do Rio dos Sinos, em São Leopoldo, Rio Grande do Sul, em março de 2010, sob a orientação de meu caro amigo, Professor Doutor André Luís Callegari. Isso porque, em vez de ser *mais um* trabalho disposto a repetir as mesmas críticas que usualmente são feitas aos contornos que o direito penal vem assumindo nos últimos tempos em nossa sociedade, trata-se de importante estudo revelador do caráter desumano e seletivo representado pelo processo de expansão da esfera punitiva, notadamente a partir de sua contextualização no modelo neoliberal de Estado.

É a partir das novas fronteiras delineadas pela globalização, marcada pela velocidade da informação e pelo desenvolvimento econômico e técnico-científico da sociedade como um todo, que o autor analisa, na primeira parte do trabalho, as características dessa nova realidade denominada "sociedade de risco", especialmente no que tange às novas formas de criminalidade, como o terrorismo e o crime organizado. Demonstra, ainda, que o medo assume verdadeiro protagonismo na vida das pessoas, trazendo, como consequência, uma generalizada sensação de insegurança capaz de criar o ambiente propício para a expansão do direito penal.

Assim, o papel que o medo vivido pelas pessoas exerce na definição da política criminal – independentemente de estar ou não embasado num real perigo ao qual elas estejam expostas –, passa a ser o pano de fundo no qual o autor desenvolve seu trabalho de crítica à forma como o Estado vem atualmente lidando com a questão punitiva, muitas vezes deixando de lado os princípios e garantias constitucionalmente assegurados para atender aos anseios gerais por mais segurança, especialmente por meio do endurecimento penal. E para embasar essa crítica, a importância que a mídia tem na difusão do medo e da sensação de insegurança é amplamente estudada e contextualizada, não restando dúvida acerca de sua clara contribuição para o processo de construção do direito penal simbólico.

A segunda parte do trabalho analisa o medo criado pelo direito penal, ou seja, a forma como o Estado, por meio desse ramo do ordenamento jurídico, tenta transmitir à população a sensação de segurança ao ameaçar com a pena os comportamentos tidos como causadores da intranquilidade social. É nesse momento que fica clara a diferença de tratamento geralmente dispensada, também pelo sistema punitivo estatal, às diferentes classes sociais, o que confere ao direito penal brasileiro uma repugnante função de perseguição, controle e estigmatização das camadas subalternas da população.

Aqui o leitor é convidado a comparar dois momentos históricos importantes para a história do Brasil, quais sejam, o período pós-abolição da escravatura e o período no qual começa a ser implantado no país o modelo neoliberal, especialmente o iniciado na década de 1980 e que se estende até os dias de hoje. Enquanto no primeiro é analisada a figura do "malandro" ou "vadio", em quem é encarnada a figura de inimigo da ordem e do progresso da sociedade, no segundo, essa posição é assumida pelo traficante; nas duas épocas muito bem escolhidas pelo autor, evidencia-se que o sistema penal exerce sua seletividade justamente para excluir formalmente do convívio social aqueles que antes já não haviam tido a oportunidade de participar e usufruir das oportunidades sociais. Eis aqui a grande crítica desenvolvida e sua originalidade.

Trata-se, como se vê, de importante trabalho que muito tem a contribuir às ciências criminais e que traz, por meio de texto claro e resultado de extensa pesquisa, novos subsídios aos estudiosos do assunto, além de, também, promover uma ampla reflexão acerca do papel assumido pelo direito penal na sociedade brasileira.

Como dito inicialmente, muito longe de ser apenas mais um posicionamento avesso à forma como o direito penal vem sendo utilizado, trata-se de uma obra absolutamente original e profunda, reveladora da capacidade de um jovem estudioso que não se satisfez com aquilo que já havia sido produzido e escolheu percorrer um diferente caminho a fim de justificar seu posicionamento crítico frente ao direito penal simbólico.

Mais uma vez o Rio Grande do Sul confirma sua fama de celeiro de juristas para o Brasil. Após ler esse trabalho e participar da banca de mestrado de Maiquel Ângelo Dezordi Wermuth, não tenho a menor dúvida de estar diante de um jovem com futuro promissor no campo das ciências penais brasileiras, a quem faço publicamente o pedido de continuar produzindo trabalhos de altíssimo nível.

Por tudo isso, resta-me somente agradecer a honra de apresentar ao público a obra "Medo e Direito Penal – Reflexos da expansão punitiva na realidade brasileira", na certeza de que sua leitura será intelectualmente prazeirosa e enriquecedora.

São Paulo, maio de 2010.

*Mariângela Gama de Magalhães Gomes*
Professora Doutora de Direito Penal da USP

## Introdução

É de Muñoz Conde (2005) a lição segundo a qual, enquanto existir Direito Penal – e nas atuais condições deve-se ponderar que ele existirá por muito tempo –, deve existir também sempre alguém disposto a estudá-lo e analisá-lo racionalmente, de forma a convertê-lo em instrumento de mudança e progresso rumo a uma sociedade mais justa e igualitária, denunciando, para tanto, além das contradições que lhes são ínsitas, as contradições do sistema econômico que o condiciona.

Partindo desse pressuposto, a presente obra tem por objetivo verificar, diante do processo expansivo experimentado pelo Direito Penal em face das novas formas assumidas pela criminalidade na contemporaneidade, se dita expansão tem por consequência, por meio de equiparações conceituais equivocadas, a retomada do repressivismo – com o recrudescimento punitivo e flexibilização das garantias penais e processuais penais que lhe são peculiares – no que diz respeito ao combate à criminalidade "tradicional", reforçando, assim, a ideia da utilização do Direito Penal como instrumento de gestão e controle social das camadas subalternizadas da sociedade.

Em suma, objetiva-se investigar se a inserção do medo *no* Direito Penal – ou seja, se as mudanças nele operadas no sentido de dar respostas eficientes aos novos riscos e inseguranças da sociedade contemporânea – redunda na imposição do medo *do* Direito Penal – por meio da utilização, na persecução à criminalidade "clássica" levada a cabo pelos segmentos subalternos da população, de elementos extraídos do discurso jurídico-penal voltado ao combate à macrocriminalidade –, revelando, assim, seu aspecto desumano.

Para a concretização da pesquisa, a metodologia de abordagem utilizada foi a *fenomenologia hermenêutica*, a partir da qual se compreende que a determinação do Direito, ao invés de mero ato passivo de subsunção, é um ato criativo que implica o próprio sujeito. Este horizonte compreensivo foi o que se mostrou suficientemente fértil e adequado para a discussão da temática objeto desta investigação.

Portanto, o fio condutor da pesquisa foi o "método" fenomenológico,[1] compreendido como "interpretação ou hermenêutica universal", isto é, como revisão crítica dos temas centrais transmitidos pela tradição filosófica através da linguagem, como destruição e revolvimento do chão linguístico da metafísica ocidental. Por meio dele, é possível descobrir um indisfarçável projeto de analítica da linguagem, numa imediata proximidade com a *práxis* humana, como existência e faticidade, em que a linguagem – o sentido, a denotação – não é analisada a partir de um sistema fechado de referências, mas, sim, no plano da historicidade.

Tal mudança deve-se ao fato de que o modelo de conhecimento subsuntivo próprio do sistema sujeito-objeto foi suplantado por um novo paradigma interpretativo, com a invasão da filosofia pela linguagem a partir de uma pós-metafísica de reinclusão da faticidade que passa a atravessar o esquema sujeito-objeto, estabelecendo uma circularidade virtuosa na compreensão. A ênfase, a partir de então, passa para a compreensão, onde o compreender não é mais um agir do sujeito, e, sim, um modo-de-ser que se dá em uma intersubjetividade. Passa-se de um modelo sujeito-objeto para um modelo sujeito-sujeito (Streck, 2008a).

Quanto ao procedimento, optou-se pelo método monográfico,[2] uma vez que não se pretendeu aqui um estudo enciclopédico, um manual, mas um estudo direcionado a uma temática bem delimitada e específica, o que proporcionou mais segurança à ela-

---

[1] O "método fenomenológico" aplicado ao Direito vem sendo desenvolvido no PPGD da UNISINOS, especialmente na obra *Hermenêutica Jurídica e(m) Crise*, de Lenio Luiz Streck.

[2] Segundo Eco (1997, p. 10), "uma monografia é a abordagem de um só tema, como tal se opondo a uma 'história de', a um manual, a uma enciclopédia. [...] quanto mais se restringe o campo, melhor e com mais segurança se trabalha. Uma tese monográfica é preferível a uma tese panorâmica. É melhor que a tese se assemelhe a um ensaio do que a uma história ou a uma enciclopédia. [...] Mas deve-se ter em mente que fazer uma tese rigorosamente monográfica não significa perder de vista o panorama[...]", pois "[...] uma coisa é usar um panorama como pano de fundo, e outra elaborar um quadro panorâmico [...]".

boração da pesquisa. Todavia, o fato de se fazer uso do método procedimental monográfico não significou a não utilização, paralelamente, de uma visão panorâmica de outras temáticas correlatas, pois necessárias e imprescindíveis ao estudo da temática escolhida, na medida em que informam, justificam, estruturam e dão sentido ao tema central.

Por outro lado, no que diz respeito à técnica de pesquisa, optou-se pelo emprego de vasta pesquisa bibliográfica, utilizando-se da doutrina existente acerca da temática proposta – livros e periódicos –, do fichamento e do apontamento, bem como da legislação. Não se descuidou, também, da valorização da dimensão alcançada pelo tema objeto da pesquisa no Direito comparado – bastante clara na bibliografia apresentada – nomeadamente no que tange aos espaços de discursividade jurídico-penal espanhol.

No que se refere à estruturação do trabalho, para uma melhor análise da problemática objeto da pesquisa, optou-se por dividi-lo em duas partes. Na primeira, trata-se do fenômeno da inserção do medo *no* Direito Penal, diante das transformações operadas na sociedade contemporânea em virtude dos processos da globalização econômica e do avanço tecnológico. Essas transformações trazem em seu bojo uma crescente preocupação com as novas formas de criminalidade que são ínsitas à sociedade de risco que se configura. E essas preocupações orientam um processo de transformação do Direito Penal, no sentido de "atualizá-lo" para o enfrentamento eficiente a estes riscos.

Com efeito, tornou-se "senso comum" no discurso jurídico-penal contemporâneo a afirmação de que a intervenção punitiva pautada na teoria "clássica" do delito mostra-se obsoleta e, portanto, incapaz de fazer frente às novas formas assumidas pela criminalidade, uma vez que cada vez mais, nas sociedades modernas, surgem interesses difusos, muitos deles intangíveis, a reclamar proteção do Estado.

Uma análise mais detida de tais "reformas" do Direito Penal revela que elas são tributárias, em grande parte, da influência cada vez maior dos meios de comunicação de massa na formação da opinião pública acerca do fenômeno da criminalidade, por meio do processo de "importação" de discursos repressivistas. Com isso, os *mass media* promovem, em decorrência de interesses invariavelmente mercadológicos, um falseamento dos dados da realidade social, transformando o "crime" em um rentável produto.

Isso redunda no aumento do clamor popular pelo recrudescimento da intervenção punitiva e em uma constante pressão sobre os poderes públicos para que as reformas penais para tanto necessárias sejam efetivamente levadas a cabo. Referidas demandas são atendidas pelos poderes públicos em termos populistas e, na maioria das vezes, meramente simbólicos, como é o caso do que se tem denominado Direito Penal do Inimigo, voltado à persecução à macrocriminalidade.

Quer dizer, buscando dar respostas eficazes à população, o Direito Penal que se estrutura nesse contexto passa por um processo de expansão do seu raio de intervenção, com uma significativa transformação dos objetivos e do campo de atuação da política criminal, em decorrência da proeminência que é dada à intervenção punitiva em detrimento de outros instrumentos de controle social (Direito Civil e Direito Administrativo, por exemplo).

E essa busca por eficiência exige a "adequação" dos conteúdos do Direito Penal e Processual Penal às dificuldades ínsitas à persecução à "nova criminalidade", o que perpassa por um processo de "modernização" dos instrumentos punitivos, com a consequente flexibilização e/ou supressão de garantias penais e processuais penais liberais.

Portanto, o estudo do processo de expansão do Direito Penal na contemporaneidade assume especial relevância diante das consequências nefastas que o alargamento da intervenção punitiva produz no que diz respeito à proteção dos direitos e garantias fundamentais, dado que dito processo expansivo se encontra assentado em bases que são características de um Direito Penal autoritário e demasiadamente repressivo, inadmissível no atual estado de desenvolvimento da civilização.

Além disso, leva-se em consideração no estudo desenvolvido na primeira parte do livro o fato de que o processo de expansão do Direito punitivo coincide com o processo de desmantelamento do Estado de bem-estar social. E é exatamente nesse contexto que surge um dos principais problemas do fenômeno expansivo: o Direito Penal passa a ser considerado enquanto instrumento privilegiado de controle e disciplinamento das classes populares/subalternas, outrora destinatárias das políticas do *welfare state*.

Isso porque, paralelamente às preocupações político-criminais com a megacriminalidade característica da sociedade de risco, vislumbra-se que o fato de o fenômeno expansivo do Direito Penal nesse setor coincidir com o processo de desmantelamento do Estado Social redunda no ressurgimento, sob influência dos movimentos de Lei e Ordem, do repressivismo e do punitivismo como formas por excelência de se combater a criminalidade dita "tradicional", haja vista que, por meio de equiparações conceituais equivocadas, o sentimento geral de insegurança característico das sociedades contemporâneas faz com que o "medo" de tornar-se vítima de um delito "tradicional" – crimes contra a vida, contra a integridade física e contra o patrimônio, por exemplo – aumente consideravelmente.

Assim, paralelamente ao Direito Penal criado para a prevenção dos "novos riscos" da sociedade contemporânea, desenvolve-se um crescente interesse por aspectos microssecuritários, ou seja, relacionados à "pequena delinquência", que passa a fazer parte do catálogo dos medos dos cidadãos. Surge, nesse contexto, o paradigma da "segurança cidadã", que parte do pressuposto de que a criminalidade dos socialmente excluídos constitui a "dimensão não tecnológica da sociedade de risco", a justificar, por exemplo, a antecipação da tutela penal tanto pela necessidade de responder com estruturas de perigo às novas formas de criminalidade como pela urgência de atuar contra a desintegração social e a delinquência de rua originada pelos socialmente marginalizados.

Diante de um contexto tal, pretende-se demonstrar, no capítulo final da primeira parte do livro, que, por meio do modelo de Direito Penal que se estrutura a partir do paradigma da segurança cidadã, assegura-se não a proteção dos cidadãos e dos seus direitos fundamentais em face da atuação punitiva estatal, tampouco se busca a prevenção à prática de crimes – conforme preconizam os discursos clássicos de legitimação do *jus puniendi* do Estado –, mas sim a dominação e a opressão exercidas precipuamente contra as camadas economicamente desfavorecidas da sociedade, inclusive por meio de medidas de inocuização de alguns indivíduos estereotipados pela atuação do sistema punitivo.

Partindo dessas considerações de ordem geral acerca do processo expansivo vivenciado em nível mundial pelo Direito Penal, procura-se, na segunda parte deste trabalho, transladar a discussão para a realidade brasileira, a fim de demonstrar o papel que passa a ser desempenhado pelo medo *do* Direito Penal, utilizado historicamente no País como instrumento de controle e disciplina das classes subalternas.

Pretende-se, portanto, na segunda parte do livro, averiguar em que medida os discursos contemporâneos de legitimação do recrudescimento punitivo se prestam, em *terrae brasilis*, para reforçar estereótipos sempre presentes em nossa sociedade, sendo que este quadro é agravado pelo fato de tratar-se o Brasil de um país de modernidade tardia, onde ainda não foram superadas as violências representadas pela falta de segurança e liberdade, pela desigualdade política e pela pobreza. Quer dizer, onde as promessas da modernidade jamais se cumpriram.

Nesse sentido, o objetivo da análise desenvolvida na segunda parte do presente estudo é revelar que, hoje, a real função desempenhada pelo sistema punitivo no Brasil continua sendo aquela desempenhada desde a época da escravidão: inspirar a confiança das classes detentoras do poder econômico – ou seja, defender os interesses daqueles que são considerados enquanto *pessoas* – infundindo terror aos setores subalternos – considerados enquanto *indivíduos* –, apenas com algumas adequações no que diz respeito aos "rótulos" empregados para legitimar dita intervenção.

Revela-se, assim, a dimensão desumana do Direito Penal brasileiro, a partir do reforço da arbitrariedade, da seletividade e da truculência do sistema punitivo que a partir dele se estrutura contra a sua clientela tradicional, composta preferencialmente por membros dos grupos socialmente excluídos – invariavelmente espólios da escravidão –, em relação aos quais o medo (da pena e dos agentes do sistema penal) torna-se instrumento de gestão/controle social.

Com isso, contribui-se para a manutenção da violência estrutural inerente ao modelo de formação da sociedade brasileira, em completo descaso com o modelo de Direito Penal preconizado pelo Estado Democrático de Direito delineado pela Constituição Federal de 1988, conforme a discussão suscitada na parte final do referido capítulo, em que se busca investigar qual a missão a ser desempenhada pelo Direito punitivo diante de um modelo tal de Estado.

## 1. O papel do medo *no* direito penal

> "Está envenenada a terra que nos enterra ou desterra.
> Já não há ar, só desar.
> Já não há chuva, só chuva ácida.
> Já não há parques, só 'parkings'.
> Já não há sociedades, só sociedades anônimas.
> Empresas em lugar de nações.
> Consumidores em lugar de cidadãos.
> Aglomerações em lugar de cidades.
> Não há pessoas, só públicos.
> Não há realidades, só publicidades.
> Não há visões, só televisões.
> Para elogiar uma flor, diz-se:
> 'que linda, parece de plástico'".
> (*Eduardo Galeano*)

### 1.1. O medo como ideia motora do processo de expansão do Direito Penal

O processo de globalização e a consequente sociedade de risco que se configura na contemporaneidade propiciam o surgimento de um sentimento generalizado de insegurança diante da imprevisibilidade e da liquidez[3] das relações sociais. A globalização in-

---

[3] O conceito de liquidez é cunhado por Bauman (2007) para retratar a fluidez da vida moderna e a flexibilidade das relações na pós-modernidade, bem como a insegurança a que essas situações conduzem diante da falta de vínculos e de valores sólidos que se verifica na sociedade globalizada. Esse sentimento, de acordo com Brandariz García (2004, p. 39), é decorrência, além da precariedade econômica, dos "bajos niveles de cohesión social y de solidaridad comunitaria derivados de

troduz, a cada dia, no catálogo dos riscos e inseguranças, novas e aterradoras formas que eles podem assumir. Paradoxalmente, o aumento da crença de se estar habitando um mundo cada vez mais seguro e controlado pela humanidade é inversamente proporcional ao avanço da ciência e da tecnologia.

De acordo com Beck (1998), a modernização, da mesma forma como dissolveu a sociedade agrária do século XIX e elaborou a imagem da sociedade industrial, é agora responsável pelo surgimento da uma nova figura social: a sociedade de risco. O ingresso nessa sociedade de risco dá-se a partir do momento em que os princípios de cálculo da sociedade industrial são encobertos e anulados, e os perigos socialmente produzidos ultrapassam os limites da segurabilidade. Com isso, passa-se de uma lógica de "distribuição de riquezas" – característica da sociedade industrial clássica – para uma lógica de "distribuição de riscos".

A sociedade de risco foi impulsionada pela riqueza e pelo crescimento econômico aliados ao desenvolvimento técnico-científico, os quais acabaram por se tornar responsáveis pelos perigos e ameaças que a caracterizam, de forma que não é a crise do capitalismo, mas sim as suas vitórias as responsáveis por essa nova forma social (Beck, 1998).

O conceito de sociedade de risco, portanto, designa um estágio da modernidade em que começam a tomar corpo as ameaças produzidas até então no caminho da sociedade industrial, impondo-se a necessidade de considerar a questão da autolimitação do desenvolvimento que desencadeou essa sociedade. A potenciação dos riscos da modernização caracteriza, assim, a atual sociedade de risco, que está marcada por ameaças e debilidades que projetam um futuro incerto (Beck, 1998).

Beck (2002) separa esse processo de transformação social em duas fases distintas por ele denominadas de primeira e segunda modernidades. Na primeira modernidade, destaca-se a figura dos Estados-nação, em que as relações se dão apenas em plano territorial. Já a segunda modernidade tem por traço característico as consequências imprevistas da primeira modernidade, razão pela qual

---

la crisis de referentes identitarios como la nación, la familia, o la classe, así como de la intensificación del carácter multicultural de las sociedades occidentales contemporâneas (pérdida de identidad em lo local). Todo ello en el marco de una profunda reforma de las normas informales de comportamiento".

a ela compete enfrentar os novos desafios (como, por exemplo, a crise ecológica) que ultrapassam as fronteiras do Estado nacional.

Nesse sentido, destaca-se o surgimento de um novo modelo de capitalismo, de economia, de ordem global, de sociedade e, consequentemente, de um novo tipo de vida pessoal. A partir daí, surgem novas exigências, como a reinvenção da sociedade e da política, visto que, nesse contexto, os próprios riscos constituem a força de mobilização política (Beck, 2002).

Os riscos da contemporaneidade são definidos por Beck (1998) como "riscos da modernização", que se diferenciam dos riscos e perigos da Idade Média justamente pela globalidade de sua ameaça e por serem produto da maquinaria do progresso industrial. Ademais, é intrínseco a esses "novos riscos" um componente *futuro*, ou seja, relacionado com uma previsão de uma destruição/catástrofe que ainda não ocorreu, mas que se revela iminente.

Em preciosa síntese, Beck (1998, p. 29-30) demonstra a arquitetura social e a dinâmica política dos riscos a partir de cinco teses, a saber: a) os riscos gerados pelo processo de modernização são muito diferentes das riquezas, uma vez que eles podem permanecer invisíveis, assim como podem ser transformados, ampliados ou reduzidos conforme os interesses em jogo; b) os riscos contêm um efeito *boomerang*, atingindo também aqueles que os produziram (ninguém está seguro diante deles); c) esses riscos não rompem com a lógica do desenvolvimento capitalista, mas, pelo contrário, são considerados um "grande negócio" na medida em que proporcionam o aumento das necessidades da população (em especial no que diz respeito à questão da segurança[4]); d) em face das situações de risco, o saber adquire um novo significado: nas situações de classe, o ser determina a consciência, enquanto nas situações de risco a consciência determina o ser; e) esses riscos reconhecidos

---

[4] Ver, nesse sentido, Christie (1998, p.1), que, ao tratar do crescimento da "indústria do controle do crime", refere que ela ocupa uma posição privilegiada na economia contemporânea, haja vista "que não há falta de matéria-prima: a oferta de crimes parece ser inesgotável. Também não tem limite a demanda pelo serviço, bem como a disposição de pagar pelo que é entendido como segurança. E não existem os habituais problemas de poluição industrial. Pelo contrário, o papel atribuído a esta indústria é limpar, remover os elementos indesejáveis do sistema social".

possuem um conteúdo político explosivo: o que até então se considerava apolítico transforma-se em político.

Na ótica de Bauman (2008, p. 129), o conceito de risco cunhado por Ulrich Beck é insuficiente para traduzir a verdadeira novidade introduzida na condição humana pela globalização (negativa), visto que a ideia de risco só pode partir do pressuposto de uma regularidade essencial do mundo, que permite que os riscos sejam *calculados*. Dessa forma, o conceito de risco de Beck só adquire sentido em um mundo *rotinizado*, ou seja, monótono e repetitivo, "no qual as sequências causais reapareçam com frequência e de modo suficientemente comum para que os custos e benefícios das ações pretendidas e suas chances de sucesso e fracasso sejam passíveis de tratamento estatístico e avaliados em relação aos precedentes".

Ocorre, no entanto, que não é esta a realidade do mundo globalizado, razão pela qual Bauman (2008, p. 129-130) propõe a substituição da expressão "sociedade de risco" pela expressão "sociedade da *incerteza*":

> em um mundo como o nosso, os efeitos das ações se propagam muito além do alcance do impacto rotinizante do controle, assim como do escopo do conhecimento necessário para planejá-lo. O que torna nosso mundo vulnerável são principalmente os perigos da probabilidade *não-calculável*, um fenômeno profundamente diferente daqueles aos quais o conceito de "risco" comumente se refere. *Perigos não-calculáveis aparecem, em princípio, em um ambiente que é, em princípio, irregular*, onde as seqüências interrompidas e a não-repetição de seqüências se tornam a regra, e a anormalidade, a norma. *A incerteza sob um nome diferente.*

Ao contrário dos riscos – que permitem ser computados quanto mais se aproximam espacial e temporalmente dos atores sociais –, as incertezas se expandem e se adensam quanto mais se afastam dos indivíduos (Bauman, 2008). E, com o crescimento da distância *espacial*, "crescem também a complexidade e a densidade da malha de influências e interações", ao passo que a partir do crescimento da distância *temporal*, "cresce também a impenetrabilidade do futuro, aquele outro 'absoluto', notoriamente incognoscível". (Bauman, 2008, p. 131).

Resultado dessas incertezas é que nunca se teve tanto medo e nunca o medo assumiu uma dimensão tão ubíqua. Os medos de hoje

> podem vazar de qualquer canto ou fresta de nossos lares e de nosso planeta. Das ruas escuras ou das telas luminosas dos televisores. De nossos quartos e de nos-

sas cozinhas. De nossos locais de trabalho e do metrô que tomamos para ir e voltar. De pessoas que encontramos e de pessoas que não conseguimos perceber. De algo que ingerimos e de algo com o qual nossos corpos entraram em contato. Do que chamamos "natureza" (pronta, como dificilmente antes em nossa memória, a devastar nossos lares e empregos e ameaçando destruir nossos corpos com a proliferação de terremotos, inundações, furacões, deslizamentos, secas e ondas de calor) ou de outras pessoas (prontas, como dificilmente antes em nossa memória, a devastar nossos lares e empregos e ameaçando destruir nossos corpos com a súbita abundância de atrocidades terroristas, crimes violentos, agressões sexuais, comida envenenada, água ou ar poluídos). (Bauman, 2008, p. 11).

O catálogo dos medos, ressalta Bauman (2008, p. 12), está longe de se esgotar: "novos perigos são descobertos e anunciados quase diariamente, e não há como saber quantos mais, e de que tipo, conseguiram escapar à nossa atenção (e à dos peritos!) – preparando-se para atacar sem aviso". É por isso que, no ambiente líquido-moderno, a vida se transformou em uma constante luta contra o medo, companhia indissociável dos seres humanos, que passam a conviver com aquilo a que o referido autor (2008) denomina "síndrome do Titanic", ou seja, um temor desmedido de um colapso ou catástrofe capaz de pegar todos despreparados e indefesos e os atingir de forma indiscriminada.

Como consequência inafastável dos cada vez mais fortes sentimentos de insegurança e medo na sociedade contemporânea, tem-se o aumento da preocupação com as novas formas de criminalidade que se apresentam nesta realidade, notadamente as relacionadas ao crime organizado e ao terrorismo, sendo os atentados terroristas ocorridos em Nova Iorque em setembro de 2001 considerados como o estopim dessa nova *doxa* do medo, uma vez que expuseram ao mundo a sua própria fragilidade. Como assevera Bauman (2008, p. 133), o terrorismo demonstrou, de maneira dramática, "o grau de insegurança que sentimos vivendo em um planeta negativamente globalizado e o modo como a 'defasagem moral' [...] torna dificilmente concebível qualquer fuga do estado de incerteza endêmica, da insegurança e do medo que esta alimenta".

De acordo com Navarro (2005, p. 4), esse medo difuso e constante do crime pode ser definido

como la percepción que tiene cada ciudadano de sus propias probabilidades de ser víctima de un delito, aunque también se puede entender como la simple aprensión de sufrir un delito, si atendemos tan solo al aspecto emocional y no a los juicios racionales de esse ciudadano. De hecho, la carga emotiva suele prevalecer, pues, según numerosos estúdios empíricos, el miedo al delito no se relaciona con las posibilidades reales de ser víctima, esto es, no responde a causas objetivas y externas.

É por isso que Silva-Sánchez (1999, p. 25-26) refere que nossa sociedade pode ser definida como a "sociedade da insegurança" ou "sociedade do medo", acrescentando, ainda, que "la vivencia subjetiva de los riesgos es claramente superior a la propria existência objetiva de los mismos".

O medo da criminalidade, em que pese a distância que medeia entre a percepção subjetiva dos riscos e sua existência objetiva, pode ter, de acordo com Navarro (2005), consequências sociais inclusive mais graves que as decorrentes da própria delinquência. Em nível individual, promove alterações de conduta (agressividade, *casmurrismo*) destinadas a evitar a vitimização, o que afeta o estilo e a qualidade de vida dos cidadãos. Já em nível coletivo, as repercussões do medo do crime redundam na redução da interação social, no abandono dos espaços públicos e no rompimento do controle social informal. Em interessante síntese dos estudos até então realizados sobre os efeitos do medo da criminalidade, Medina (2003, p. 3) refere que

> el miedo al delito, a diferencia de la delincuencia real, afecta a un mayor espectro de ciudadanos y sus consecuencias son prevalentes y severas (Warr, 1987; Hale, 1996). Incluso hay quienes han subrayado que el miedo al delito puede ser un problema más severo que la propia delincuencia (Clemente y Kleiman, 1976). Efectivamente, el miedo al delito obliga a los individuos a cambiar sus estilos de vida. Aquellas personas especialmente temerosas del delito deciden refugiarse en sus hogares, protegiéndose con candados, cadenas, barras de seguridad y alarmas. Pero el miedo al delito también tiene importantes repercusiones sociales y económicas. Así, por ejemplo, se ha señalado que genera alienación, promueve el desarrollo de estereotipos nocivos y acelera la ruptura de las redes informales de control social (Conklin, 1975). Esta ruptura de los controles sociales puede tener repercusiones de largo alcance. Skogan (1990) ha demostrado uma viciosa espiral de deterioro comunitario cuando las redes de control social informal se debilitan. El miedo al delito actúa como un agente catalizador que genera conductas que pueden ser muy destructivas para la vida comunitaria y social (Lewis y Salem, 1986), fracturando el sentimiento de comunidad y transformando algunos espacios públicos em áreas que nadie desea visitar.

A ênfase dada aos riscos/perigos da criminalidade na contemporaneidade gera um alarmismo não justificado em matéria de segurança, que redunda no reclamo popular por uma maior presença e eficácia das instâncias de controle social, diante daquilo a que Cepeda (2007, p. 31) denomina de "cultura da emergência". E, neste contexto, o Direito Penal e as instituições do sistema punitivo são eleitos como instrumentos privilegiados para responder eficazmente aos anseios por segurança, o que decorre, segundo Díez Ripollés (2007), do entendimento de que a sua contundência e capacidade socializadora são mais eficazes na prevenção aos novos tipos delitivos do que medidas de política social ou econômica, ou, ainda, de medidas decorrentes da intervenção do Direito Civil ou Administrativo.

Trata-se, na visão de Silva-Sánchez (1999), de uma canalização irracional das demandas sociais por mais *proteção* como demandas por *punição*, o que de certa forma até pode ser visto como *razoável*, dado que em um mundo onde as dificuldades de orientação *cognitiva* são cada vez maiores, a busca por elementos de orientação *normativa* – e o Direito Penal, nesse caso, dada a compreensão suprarreferida por Díez Ripollés, assume especial relevância – se converte quase que em uma obsessão.

Com isso,

> en medida creciente, la *seguridad* se convierte en una pretensión social a la que se supone que el Estado, y en particular, el Derecho penal deben dar respuesta. Al afirmar esto, no se ignora que la referencia a la seguridad se contiene ya nada menos que en el artículo 2 de la Declaración de los derechos del hombre y ciudadano de 1789. (Silva Sánchez, 1999, p. 29).

Não obstante essa constatação, o controle e a vigilância são construídos socialmente como *obsessões*, e a busca pela segregação de grupos de risco, a fortificação e a exclusão são vistas como *urgências*. Isso pode ser analisado como respostas construídas ao medo enquanto sentimento fundamental de compreensão da realidade contemporânea, devendo-se atentar para o fato de que essa utilização do medo e da insegurança tende tão somente a aumentá-los (Cepeda, 2007).

A partir dessas considerações, torna-se possível afirmar, de acordo com Díez Ripollés (2007, p. 132-133), que o debate sobre o Direito Penal na sociedade contemporânea se assenta sobre algumas constatações acerca da nova realidade social. Tais considerações são sintetizadas em três blocos: o primeiro bloco de constatações diz respeito à generalização, na sociedade moderna, dos já referidos "novos riscos", "afectantes a amplios colectivos, y que podrían ser calificados como artificiales en cuanto producto de nuevas actividades humanas, en concreto, serían consecuencias colaterales de la puesta em práctica de nuevas tecnologias en muy diversos ámbitos sociales"; o segundo bloco é composto pela constatação de que é cada vez mais difícil atribuir a responsabilidade por tais riscos a pessoas individuais ou coletivas, ou seja, "se hacen ineludibles criterios de distribución de riesgos que no satisfacen plenamente las exigencias de imputación de responsabilidad"; por fim, no terceiro bloco de constatações, encontra-se o grande sentimento de insegurança que os dois blocos de constatações anteriores geram na população em geral.

A política criminal que se apresenta no sentido de dar respostas aos riscos da sociedade contemporânea possui alguns traços característicos que são sintetizados por Díez Ripollés (2007, p. 134-135) em: a) uma considerável ampliação dos âmbitos sociais passíveis de intervenção penal, a qual passa a abarcar tanto as novas realidades sociais problemáticas quanto as realidades preexistentes cuja vulnerabilidade é potencializada; b) uma significativa transformação dos objetivos e do campo de atuação da política criminal, que passa a se preocupar majoritariamente com a criminalidade dos poderosos, únicos capazes de desenvolver as novas formas delitivas e que até então dificilmente entravam em contato com o sistema punitivo; c) a proeminência que é dada à intervenção punitiva em detrimento de outros instrumentos de controle social; d) a necessidade de "adequar" os conteúdos do Direito Penal e Processual Penal às dificuldades ínsitas à persecução às novas formas assumidas pela criminalidade, o que perpassa por um processo de "atualização" dos instrumentos punitivos no sentido de torná-los mais eficazes.

Nesse contexto, o Direito Penal se expande e se rearma como resposta ao medo, sendo possível destacar algumas características essenciais que passa a assumir. A primeira dessas características é uma maior identificação/solidarização da coletividade com as vítimas, em decorrência do medo de tornar-se uma delas. Com isso, deixa-se de ver no Direito Penal um instrumento de defesa dos cidadãos em face do arbítrio punitivo estatal – ou seja, como Magna Carta do delinquente – e passa-se a percebê-lo como Magna Carta da vítima, o que redunda em um consenso restritivo quanto aos riscos permitidos, dado que o sujeito que se considera enquanto vítima potencial de um delito não aceita a consideração de determinados riscos como permitidos. Isso resulta em uma definição social-discursiva expansiva do âmbito de incidência do Direito Penal, visto que a identificação social com as vítimas da criminalidade implica a reivindicação por maior eficiência na sua aplicação e/ou na reparação dos efeitos do delito (Silva Sánchez, 1999).[5]

Uma segunda característica, decorrente da anterior, é a *politização* do Direito Penal por meio da utilização política da noção de segurança, resultado de um empobrecimento ou simplificação do discurso político-criminal, que passa a ser orientado tão somente por campanhas eleitorais que oscilam ao sabor das demandas conjunturais midiáticas e populistas, em detrimento de programas efetivamente emancipatórios (Cepeda, 2007).

Outra característica que merece destaque é a cada vez maior instrumentalização do Direito Penal no sentido de evitar que os riscos se convertam em situações concretas de perigo. Surgem leis penais *preventivas* para evitar o reproche da inatividade política diante dos riscos, visto que "el Derecho penal preventivo es un medio ideal de consolación política, una carta de presentación para demostrar que aparentemente existe una actividad política. Ya ninguna política prescinde de el en su arsenal de recursos." (Albrecht, 2000, p. 483).

Com efeito, o componente *futuro* é marcante na ideia de risco, visto que é com base nele e na sua incalculabilidade que as ações presentes devem ser determinadas: a ameaça futura é o centro da consciência em relação aos riscos. Assim, no lugar de um Direito Penal que reacionava *a posteriori* contra um feito lesivo individualmente delimitado, surge um Direito Penal de gestão punitiva dos riscos em geral, tornando-se possível falar em um processo de *administrativização* do Direito Penal, que traz em seu bojo uma supervalorização e o consequente incremento punitivo de infrações

---

[5] Silva Sánchez (1999) destaca, nesse sentido, o papel desempenhado pelas associações de vítimas e pelas ONGs enquanto "gestoras atípicas da moral" que encabeçam movimentos que pugnam pela expansão punitiva para a proteção dos interesses que defendem (ecologistas, feministas, consumidores, etc.). Sobre o papel das ONG's e das associações Cepeda (2007, p. 311) refere que elas "actúan como *lobbies* de presión frente a los gobiernos, pero también sensibilizan a la opinión pública sobre determinadas situaciones que hasta el momento de forma interesada se mantienen invisibles".

de deveres de cuidado, de forma a dar resposta não só aos delitos de perigo abstrato, mas também aos chamados delitos de acumulação,[6] no marco da luta contra as novas formas de criminalidade (Silva Sánchez, 1999).

Cepeda (2007) salienta, a propósito, que se vive na sociedade de risco uma autêntica "cultura preventiva", na qual a prevenção acompanha o risco como uma sombra, desde os âmbitos mais cotidianos até os de maior escala, cujo exemplo maior são as guerras preventivas. Para a referida autora (2007, p. 321),

> parece que hoy la preocupación social no es tanto cómo obtener lo que se desea, sino cómo prevenir de daños lo que se tiene. Esto desemboca en una intervención penal desproporcionada, en la que resulta priorita únicamente la obtención del fin perseguido, la evitación del riesgo en el 'ámbito previo' a la lesión o puesta en peligro, adelantando la intervención penal, o general, suprimiendo garantías en busca de la presunta eficacia.

Este adiantamento da intervenção do Direito Penal ao estágio prévio à lesão do bem jurídico é um dos traços mais marcantes da nova *doxa* punitiva. Na lição de Cepeda (2007, p. 313), configura-se uma legislação penal no pretérito imperfeito do subjuntivo, a partir da qual "los comportamientos que se van a tipificar no se consideran previamente como socialmente inadecuados, al contrario, se criminalizan para que sean considerados como socialmente desvalorados". Com isso, há uma revitalização da ideia do Direito Penal enquanto força conformadora de costumes, ou seja, passa-se a ver no Direito Penal um mecanismo de orientação social de comportamentos.

Para adiantar a intervenção punitiva são utilizadas estruturas típicas de mera atividade, ligadas aos delitos de perigo abstrato, em detrimento de estruturas que exigem um resultado material lesivo (perigo concreto). Nesse sentido,

---

[6] Os delitos de acumulação são aqueles que, enquanto condutas individuais, não causam, por si sós, lesão ou perigo a bens jurídicos, mas que, considerados em conjunto – ou seja, se praticados por outros sujeitos –, conduzem a uma situação de lesão ao bem jurídico tutelado. Segundo Silva Sánchez (1999, p. 108-109), trata-se, aqui, "de casos en que la conducta individualmente considerada no muestra un riesgo relevante (es *'harmless'*), mientras que, por outro lado, se admite que *'general performance would be harmful'* y que dicha realización por una pluralidad de personas no constituye simplemente una hipótesis, sino que es una realidad actual o inminente".

> se generaliza el castigo de actos preparatórios específicamente delimitados, se autonomiza la punición de la asociación delictiva, cuando no se integra ésta dentro de las modalidades de autoria y participación, además se aproximan, hasta llegar a veces e neutralizarse, las diferencias entre autoria y participación, entre tentativa y consumación, de la misma manera se considera razonable uma cierta flexibilización de los requisitos de la causalidad o de la culpabilidad. (Cepeda, 2007, p. 332).

Paralelamente à antecipação da intervenção punitiva, verifica-se um desapreço cada vez maior pelas formalidades e garantias penais e processuais penais características do Direito Penal liberal, que passam a ser consideradas como "obstáculos" à eficiência que se espera do sistema punitivo diante da insegurança da contemporaneidade. Silva Sánchez (1999, p. 55-56) refere que

> desde la presunción de inocencia y el principio de culpabilidad, a las reglas del debido proceso y la jurisdiccionalidad, pasando por la totalidad de los conceptos de la teoría del delito, el conjunto de principios y garantías del Derecho penal se contemplan como sutilezas que se oponen a una solución real de los problemas.

Com efeito, a partir do fenômeno expansivo vivenciado pelo Direito Penal, além do incremento dos comportamentos elevados à categoria delitiva por meio da antecipação da intervenção punitiva ao estágio prévio à efetiva lesão dos bens jurídicos, verifica-se um processo de flexibilização das garantias político-criminais materiais e processuais, mediante o desrespeito ao princípio da legalidade penal, à redução das formalidades processuais, à violação ao princípio da taxatividade na elaboração dos tipos penais e à violação ao princípio da culpabilidade.

Atenta a esta realidade, Cepeda (2007, p. 330-331) assevera que

> aparecen significativas modificaciones en el sistema de imputación de responsabilidad y en el conjunto de garantías penales e procesales, en la medida en que se admiten ciertas perdidas en el principio de seguridad jurídica derivadas de la menor precisión en la descripción de los comportamientos típicos y del uso frecuente de la técnica de las leyes penales en blanco, que confia la delimitación del ámbito de lo prohibido a la normativa administrativa, con el consiguiente vaciamento de la antijuridicidad, que pasa a ser puramente formal; se hace una interpretación generosa de la lesividad real o potencial de ciertos comportamientos, como en la punición de determinadas tenencias o en el castigo de desobediencias.[7]

---

[7] Da mesma forma assevera Díez Ripollés (2007, p. 137), que "se admiten ciertas perdidas en el principio de seguridad jurídica derivadas de la menor precisión en la descripción de los comportamientos típicos y del uso frecuente de la técnica de

São essas as principais características que o Direito Penal orientado ao enfrentamento aos novos riscos, medos e inseguranças da contemporaneidade apresenta, o que acena para o fato de que se está diante da configuração de um modelo de intervenção punitiva que representa um sério risco às liberdades e garantias fundamentais do cidadão. Para que se possa melhor compreender essa "flexibilização" do referido sistema de garantias e liberdades fundamentais em face da intervenção do Direito Penal, é importante assinalar que dito processo expansivo do Direito Penal coincide com o processo de enxugamento do Estado social diante do avanço das reformas neoliberais, como se demonstrará a seguir.

### 1.2. A suplantação do estado social pelo estado penal

O contexto social no qual se produzem os novos sentimentos de insegurança e consequente expansão do Direito Penal coincide com o desmantelamento do Estado de Bem-Estar, que redunda em uma desigualdade social que cada vez mais se agudiza. O processo de globalização coloca-se como o contraponto das políticas do *Welfare State*, visto que representa uma lógica altamente concentradora, responsável pela exclusão de grandes contingentes populacionais do mundo econômico, pelo desemprego e pela precarização do mercado de trabalho.

Como destaca Faria (1997), os ganhos da produtividade são obtidos à custa da degradação salarial, da informatização da produção e do subsequente fechamento dos postos de trabalho convencional, o que resulta em uma espécie de *simbiose* entre a marginalidade econômica e a marginalidade social.

---

las leyes penales en blanco; se hace una interpretación generosa de la lesividad real o potencial de ciertos comportamientos, como en la punición de determinadas tenencias o en el castigo de apologías; se considera razonable una cierta flexibilización de los requisitos de la causalidad o de la culpabilidad; se aproximan, hasta llegar a veces a neutralizarse, las diferencias entre autoría y participación, entre tentativa y consumación; se revaloriza el principio de disponibilidad del proceso, mediante la acreditación del principio de oportunidad procesal y de las conformidades entre las partes; la agilidad y celeridad del procedimiento son objetivos lo suficientemente importantes como para conducir a una sgnificativa reducción de las posibilidades de defensa del acusado... etc.".

Com efeito, uma das principais consequências da globalização, apontada por Cepeda (2007), é justamente o surgimento de um "mundo mercantil" onde as pessoas pertencem ou não a uma única classe, qual seja, a classe *consumidora*. Bauman (1999) atribui dita polarização social em consumidores/não consumidores ao fato de que, ao contrário da sociedade predecessora, qual seja, a sociedade moderna, a sociedade da segunda modernidade – usando-se a classificação de Ulrich Beck – não engaja seus membros como "produtores" ou "soldados", visto que ela prescinde de mão de obra industrial em massa ou de exércitos recrutados. É por isso que o engajamento de seus cidadãos, na contemporaneidade, se dá na condição de *consumidores*. Assim, a maneira por excelência da sociedade atual moldar seus membros é ditada pela capacidade destes em desempenhar o papel de consumidores.

Na realidade contemporânea, com o advento das novas tecnologias de produção, prescinde-se dos "corpos dóceis" aos quais se referia Foucault (1987) para o trabalho que outrora era realizado exclusivamente por meio da força física. Com isso, enormes contingentes humanos tornaram-se, de uma hora para outra, "corpos supérfluos"[8] absolutamente disfuncionais para o sistema produtivo, eis que não suficientemente qualificados para operar estas novas tecnologias ou porque sua força de trabalho tornou-se de fato absolutamente desnecessária.[9]

No entanto, deve-se levar em consideração o fato de que

> todo mundo pode ser *lançado* na moda do consumo; todo mundo pode *desejar* ser um consumidor e aproveitar as oportunidades que esse modo de vida oferece.

---

[8] A expressão é utilizada por Bauman (2009, p. 23-24), para o qual a exclusão do trabalho traduz na contemporaneidade uma noção de "superfluidade", e não mais de "desemprego". Isso porque a noção de "des-empregado" representa "um desvio da regra, um inconveniente temporário que se pode – e se poderá – remediar", ao passo que a noção de supérfluo equivale ser considerado "inútil, inábil para o trabalho e condenado a permanecer 'economicamente inativo'". É por isso que "ser excluído do trabalho significa ser eliminável (e talvez já eliminado definitivamente), classificado como descarte de um 'progresso econômico' que afinal se reduz ao seguinte: realizar o mesmo trabalho e obter os mesmos resultados econômicos com menos força de trabalho e, portanto, com custos inferiores aos que antes vigoravam".

[9] Nesse sentido Dornelles (2008, p. 29) afirma que "a flexibilização e precarização nas relações de trabalho criaram uma nova subjetividade que apaga a memória e a consciência de classe, onde o trabalhador assalariado substitui a consciência coletiva pelo agradecimento por estar inserido no mercado".

> Mas nem todo mundo *pode* ser um consumidor.[10] Desejar não basta; para tornar o desejo realmente desejável e assim extrair prazer do desejo, deve-se ter uma esperança racional de chegar mais perto do objeto desejado. Essa esperança, racionalmente alimentada por alguns, é fútil para muitos outros. Todos nós estamos condenados à vida de opções, mas nem todos temos os meios de ser optantes. (Bauman, 1999, p. 93).

Nessa lógica, ou o indivíduo é um consumidor, ou não é levado em consideração nas relações jurídico-econômicas. A capacidade de consumir converte-se em um critério de integração ou exclusão social, gerando polarização e assimetrias. É justamente em virtude disso que as desigualdades globais são cada vez mais evidentes, criando dois novos *status* de seres humanos: os incluídos em uma economia globalizada e flexibilizada, por um lado, e os *apátridas*, carentes de identidade como consequência de sua falta de competência ou de sua impossibilidade para alcançar os mercados de consumo, por outro. Nessa lógica, o mercado converte-se no grande igualador e separador da sociedade (Cepeda, 2007).

Essa nova polarização social resulta na dicotomia "aqueles que produzem risco" *versus* "aqueles que consomem segurança", o que implica uma atualização do antagonismo de classes. E o modelo de controle social que se impõe, nesse contexto, é o de exclusão de uma parte da população que não tem nenhuma *funcionalidade* para o modelo produtivo e que, por isso, constitui uma fonte permanente de riscos (Cepeda, 2007).

Isso porque a já referida simbiose marginalidade econômica/social obriga o Estado a concentrar sua atuação na preservação da segurança e da ordem internas. Com isso, os marginalizados perdem progressivamente as condições materiais para o exercício dos direitos humanos de primeira geração e para exigir o cumprimento dos de segunda e terceira gerações. Eles se tornam "descartáveis", vivendo sem leis protetoras garantidas efetivamente e, condenados à marginalidade socioeconômica e a condições hobbesianas de

---

[10] Garland (2005) analisa a questão a partir da influência exercida pelos meios de comunicação de massa na realidade social a partir da década de 1960, em especial da televisão, no sentido de fazer com que padrões de consumo e estilos de vida outrora circunscritos aos ricos e famosos passassem a estar à disposição de todos, o que teve consequências perturbadoras para as expectativas das massas e dos "aspirantes a consumidores", que passaram a ter pontos de referência e critérios mais rigorosos de comparação, vendo a partir de qualquer programa televisivo aquilo de que estão privados.

existência, não mais aparecem como detentores de direitos públicos subjetivos. Mas isso não significa que serão dispensados das obrigações estabelecidas pelo Estado: este os mantêm vinculados ao sistema jurídico por meio de suas normas penais. Nesse contexto, as instituições judiciais do Estado assumem funções eminentemente punitivo-repressivas, em detrimento da proteção dos direitos civis e políticos e da garantia da eficácia dos direitos sociais (Faria, 1997).

É neste contexto que se desenvolvem e se legitimam campanhas político-normativas de Lei e Ordem que se fundamentam na hipersensibilização de alarmes sociais específicos e constituem "políticas basadas en la represión férrea aplicada a ciertos espacios ciudadanos, la dureza de las sanciones, una cierta permisividad a la rudeza policial y en la búsqueda de la eficacia fundada en principios de represión/reactividad." (Cepeda, 2007, p. 50).

Essas políticas se concentram mais nas consequências do que nas causas da criminalidade, e são responsáveis pelo surgimento de "nuevas estrategias defendidas por la nueva criminología administrativa que pretenden la aplicación de una política de segregación represiva y punitiva de las poblaciones de riesgo." (Cepeda, 2007, p. 50).

Dessa forma, o propalado êxito do programa de combate ao crime através da "tolerância zero"[11] a toda e qualquer infração penal, antes da redução da criminalidade supostamente verificada a

---

[11] Referidos programas de combate ao crime buscam suporte teórico na chamada "Teoria das Janelas Quebradas" (*Broken Windows Theory*), formulada originariamente pelos norte-americanos James Q. Wilson e George Kelling, em artigo publicado em 1982 na Revista *Atlantic Monthly* intitulado *"Broken Windows: the police and neighborhood safety"*, sustentada por Wesley G. Skogan em estudo publicado em 1990 sob o título *"Disorder and decline: crime and the spiral decay in american neighborhoods"* e aperfeiçoada, posteriormente, no livro *"Fixing Broken Windows: Restoring Order and Reducing Crime in Our Communities"*, publicado em 1996 por George Kelling e Catherine Coles (Wacquant, 2001).
De acordo com a teoria em comento, desordem e crime estão ligados num tipo de desenvolvimento sequencial, ou seja, os grandes crimes são o último elo de uma cadeia causal cujo germe é a delinquência dita "de rua", ocasionada pelos *desordeiros* (pichadores, pedintes, prostitutas, responsáveis por pequenos furtos, etc.). O combate à criminalidade, destarte, perpassa pela eliminação das pequenas infrações cometidas no dia a dia, pois "é lutando passo a passo contra os pequenos distúrbios cotidianos que se faz recuar as grandes patologias criminais." (Wacquant, 2001, p. 25).

partir de sua aplicação, deve-se ao fato de que ele constitui a atitude em termos de repressão penal que melhor se amolda ao contexto mundial de enfraquecimento do Estado de bem-estar social diante do modelo de Estado mínimo neoliberal, onde se pretende "remediar com um 'mais Estado' policial e penitenciário o 'menos Estado' econômico e social que é a *própria causa* da escalada generalizada da insegurança objetiva e subjetiva em todos os países, tanto do Primeiro como do Segundo Mundo." (Wacquant, 2001, p. 7).

Na medida em que o Estado busca eximir-se de suas tarefas enquanto agente social de bem-estar, surge a necessidade de novas iniciativas do seu aparato repressivo em relação às condutas transgressoras da "ordem" levadas a cabo pelos grupos que passam a ser considerados "ameaçadores". Paralelamente a isso, tornam-se

---

A alegoria das "janelas quebradas" é utilizada para exemplificar a teoria: se uma pessoa quebra a janela de um edifício e nada é feito no sentido de consertá-la, as outras pessoas que gostam de quebrar janelas que por ali passarem, vendo que ninguém se importa com suas atitudes, passarão elas também a quebrar as outras janelas do prédio, de forma que, como resultado, ter-se-ia um sentimento geral de decadência, propício ao desenvolvimento da criminalidade, razão pela qual toda e qualquer infração penal, por ínfima que seja, deve ser reprimida sem complacência, sob pena de se transmutar, no futuro, em um crime maior.

Tendo por base a sobredita teoria, o programa de "tolerância zero" no combate à criminalidade foi pioneiramente implementado na cidade de Nova Iorque a partir da década de 1990, durante o mandato do prefeito Rudolph Giuliani. Para tanto, Giuliani promoveu o fortalecimento da polícia, aumentando consideravelmente o número de policiais nas ruas, modernizando os equipamentos por eles utilizados e atribuindo-lhes novas prerrogativas no desempenho de suas funções, como a fiscalização ativa das zonas da cidade consideradas "de perigo" e a implementação de um sistema informatizado de controle dos índices de criminalidade. O resultado obtido – amplamente divulgado pela mídia em todo o mundo – foi uma considerável queda dos índices de criminalidade na capital dos Estados Unidos, o que proporcionou um verdadeiro "retorno à ordem" depois do caos (Wacquant, 2001).

Não obstante o fato de que esta redução da criminalidade em Nova Iorque no período em tela deva ser vista com cautela, por vez que não se deve tão somente à aplicação da "tolerância zero" – haja vista que já vinha sendo observada nos três anos que precederam a sua implementação e que também foi observada em cidades que não a aplicaram, a exemplo de Boston, Chicago e San Diego (Wacquant, 2001) –, o alarde midiático criado em torno do êxito da "nova" forma de combate ao crime fez com que Nova Iorque passasse a ser vista como paradigma no enfrentamento da delinquência, e a tolerância zero, panaceia universal no mercado da segurança pública, passando a ser "exportada" para outros países, onde ganhou lugar de destaque nos discursos políticos.

necessárias medidas que satisfaçam às demandas por segurança das classes ou grupos sociais que se encontram efetivamente inseridos na nova lógica social.

Torna-se, assim, possível a afirmação de que ditas campanhas punitivas constituem, antes de tudo, um mecanismo hábil de controle social e racial, que opera através de uma estratégia de substituição das instituições de assistência às classes pobres – típicas do *Welfare State* – por estabelecimentos penais. Ou seja, a seletividade sociorracial no âmbito penal constitui uma das armas de que o Estado neoliberal lança mão para manter sob controle a população economicamente hipossuficiente, a qual, abandonada pelo Estado (mínimo em se tratando dos setores social e econômico), busca, através da delinquência, a satisfação de seus desejos de consumo – largamente instigados pela mídia – e, consequentemente, de equiparação à população inserida no mercado.

O escopo deste controle, portanto, é justamente garantir a segurança daqueles que participam ativamente da sociedade de consumo, de forma a livrá-los da presença indesejável da pobreza que incomoda, qual seja, "a que se vê, a que causa incidentes e desordens no espaço público, alimentando, por conseguinte, uma difusa sensação de insegurança, ou simplesmente de incômodo tenaz e de inconveniência." (Wacquant, 2001, p. 30).

Ressaltando a diferença entre os papéis assumidos pela prisão na contemporaneidade e na época do seu surgimento enquanto sanção penal, Bauman (1999) revela que, nos moldes de Bentham, fossem quais fossem seus outros propósitos imediatos, as casas panópticas de confinamento eram antes e acima de tudo *fábricas de trabalho disciplinado*. No entanto, esta busca por reintegração punitiva do apenado só faz sentido quando há trabalho a fazer. Ocorre que, na contemporaneidade, o capital, outrora ansioso em absorver quantidades de trabalho cada vez *maiores,*

> reage com nervosismo às notícias de que o desemprego está diminuindo; através dos plenipotenciários do mercado de ações, ele premia as empresas que demitem e reduzem os postos de trabalho. Nessas condições, o confinamento não é nem escola para o emprego nem um método alternativo compulsório de aumentar as fileiras da mão-de-obra produtiva quando falham os métodos "voluntários" comuns e preferidos para levar à órbita industrial aquelas categorias particularmente rebeldes e relutantes de "homens livres". Nas atuais circunstâncias, o confinamento é antes *uma alternativa ao emprego,* uma maneira de utilizar ou neutralizar uma

parcela considerável da população que não é necessária à produção e para a qual não há trabalho "ao qual se reintegrar". (Bauman, 1999, p. 118-119).

Na prática, portanto, a que a "tolerância zero" visa é a retirada das ruas e a posterior neutralização daquela parcela da população que se mostra insubmissa frente aos desígnios da configuração neoliberal do Estado, uma vez que a considera responsável pela desordem social e pela criminalidade que abala a classe que se adapta à lei do capital. Verifica-se, assim, como consequência da implementação da "tolerância zero", o estabelecimento de uma simbiose estrutural e funcional entre o gueto e a prisão, onde "as duas instituições se interpenetram e se completam na medida em que ambas servem para garantir o confinamento de uma população estigmatizada por sua origem étnica e tida como supérflua tanto no plano econômico como no plano político." (Wacquant, 1999, p. 48).

Para Wacquant (2001), esta integração gueto/prisão bem serve para ilustrar a função atribuída ao sistema penal pelas políticas de Lei e Ordem, qual seja, a de *isolar* e *neutralizar* a população que de nada serve à configuração atual da sociedade. Como aduz Bauman (1999, p. 121-122),

> o que sugere a acentuada aceleração da punição através do encarceramento, em outras palavras, é que há novos e amplos setores da população visados por uma razão ou outra como uma ameaça à ordem social e que sua expulsão forçada do intercâmbio social através da prisão é vista como um método eficiente de neutralizar a ameaça ou acalmar a ansiedade pública provocada por essa ameaça.

Nesse sentido, torna-se possível a afirmação de que, se os campos de concentração "serviram como laboratórios de uma sociedade totalitária nos quais foram explorados os limites da submissão e servidão" e se as prisões panópticas "serviram como laboratórios da sociedade industrial nos quais foram experimentados os limites da rotinização da ação humana", as prisões contemporâneas constituem "laboratórios da sociedade globalizada", ou seja, locais onde "são testadas as técnicas de confinamento espacial do lixo e do refugo da globalização e explorados os seus limites." (Bauman, 1999, p. 120).

Nesse contexto, passa-se a adotar a responsabilidade individual como mecanismo de "escolha" dos clientes do sistema penal, em detrimento da análise das causas da criminalidade através do ponto de vista sociológico, ao qual é reservada a alcunha de "desresponsabilizante". Assim, as causas coletivas da criminalidade são relegadas ao nível de "desculpas" a fim de melhor justificar sanções individuais, que, estando seguras de não ter influência sobre os mecanismos geradores de comportamentos delinqüentes, são incapazes de ter outras funções senão a de reafirmar a autoridade do Estado no plano simbólico (com vistas a objetivos eleitorais) e reforçar seu setor penal no plano material, em detrimento de seu setor social. (Wacquant, 2001, p. 62).

De acordo com Garland (2005), em um ambiente tal, o crime passa a funcionar como legitimação retórica para políticas econômicas e sociais que punem a pobreza, dentro de um contexto de Estado disciplinador. Em vez de indicar privação social, o crime passa a ser visto como um problema de indisciplina, de falta de autocontrole ou de controle social deficiente, ou seja, como produto da lassidão na aplicação da lei, assim como de regimes punitivos lenientes, que abrem espaço para indivíduos perversos optarem, de forma racional, pela via delitiva para satisfazerem as necessidades de suas personalidades antissociais.

Fala-se, aqui, em uma "teoria da escolha racional", que revive uma explicação meramente utilitária da conduta criminosa:

> el modelo da la elección racional considera los actos delictivos como una conducta calculada que intenta maximizar los benefícios, como consecuencia de un proceso simple de elección individual. Este modelo representa el problema del delito como una cuestión de oferta y demanda, en el marco de la cual el castigo opera como un mecanismo de establecimiento de precios. Considera a los delincuentes como oportunistas racionales o delincuentes profesionales cuya conducta es disuadida o desinhibida por la puesta en marcha de desincentivos, un enfoque que hace da las penalidades disuasivas un mecanismo evidente de reducción del delito. (Garland, 2005, p. 220).

Não há, portanto, discutir os motivos que levam alguém a delinquir, uma vez que "a justiça está aí para punir os culpados, indenizar os inocentes e defender os interesses dos cidadãos que respeitam a lei." (Murray *apud* Wacquant, 2001, p. 50).[12] Nesse

---

[12] Como destaca Garland (2005, p. 221), "en el contexto político reaccionario de los años ochenta y noventa, con su escepticismo acerca de los programas del welfare y su énfasis en la responsabilidad individual, la simplicidad de una narrativa que culpa al delincuente, silencia las excusas, ignora las causas de fondo y ve el castigo de los malhechores como la respuesta adecuada, genera uma atracción popular y política que va mucho más allá de sus méritos criminológicos. Era como si el hecho de haber concedido tanta atención criminológica al delincuente y haber desarollado análisis tan exquisitos sobre la etiologia delictiva, de repente, hubiera sido calificado de moralmente degenerado y políticamente inaceptable".

contexto, salienta Faria (1997) que a concepção do Direito Penal como *ultima ratio* é radicalmente alterada, de forma a torná-lo mais abrangente, rigoroso e severo com o escopo de disseminar o medo e o conformismo em seu público-alvo.

Em face das considerações até então traçadas, objeta-se sobre a forma por meio da qual os novos riscos, medos e inseguranças da contemporaneidade chegam até a população e de que forma essa população, cada vez mais atemorizada e pugnando por mais e mais recrudescimento punitivo, tem seus anseios respaldados pelo Poder Público. Nesse sentido, entende-se o papel desempenhado pelos meios de comunicação de massa como principal responsável pela geração de alarme social, diante da constatação de que o crime e a segurança podem ser transformados em "produtos", como se demonstrará na sequência.

### 1.3. A influência dos meios de comunicação de massa no processo de expansão do Direito Penal

Uma das características da sociedade globalizada é a influência cada vez maior dos meios de comunicação de massa nos processos de formação da opinião sobre os mais diversos assuntos. Na sociedade de consumo contemporânea, os meios de comunicação são utilizados como mecanismos para fomentar crenças, culturas e valores, de forma a sustentar os interesses – invariavelmente mercadológicos – que representam.

Nesse diapasão, a criminalidade, ou melhor, o *medo* de tornar-se vítima de um delito, transforma-se em mercadoria da indústria cultural, razão pela qual a imagem pública dessa mercadoria é traçada de forma espetacular e onipresente, superando, não raro, a fronteira do que é passível de constatação empírica (Albrecht, 2000).

Analisando a "cultura do medo" na mídia dos Estados Unidos, Glassner (2003) destaca a grande distância que medeia entre aquilo que é noticiado e a realidade fática. Por uma estranha alquimia, estatísticas irrisórias são transformadas em cifras atemorizantes,[13]

---

[13] Glassner exemplifica a "esquizofrenia" jornalística norte-americana em relação, dentre outros tantos "problemas", ao aumento indiscriminado do número de pes-

que crescem de acordo com o aumento dos níveis de audiência. Com isso, novos medos e alarmes sociais são criados em torno de problemas que vão desde os riscos gerados pelo envenenamento das guloseimas distribuídas às crianças no Halloween até a pornografia infantil na internet.

Um dos "êxitos" da cultura do medo midiática norte-americana, segundo Glassner (2003, p. 53), consiste no fato de que "relativamente a quase todos os temores americanos atuais, em vez de se enfrentar problemas sociais perturbadores, a discussão pública concentra-se em indivíduos perturbados". Com isso, os "pseudoperigos" que jorram dia a dia das manchetes televisivas e da mídia impressa "representam novas oportunidades de evitar problemas que não queremos enfrentar [...], assim como aqueles que já cansamos de confrontar." (Glassner, 2003, p. 55). Exsurge daí a grande tendência das notícias alarmantes propaladas pela mídia que fomenta a cultura do medo: "banalizar preocupações legítimas enquanto engrandecem aquelas questionáveis." (Glassner, 2003, p. 57).[14]

---

soas doentes: "Nossas preocupações vão além do razoável. A expectativa de vida nos Estados Unidos dobrou durante o século XX. Somos mais capazes de curar controlar doenças do que qualquer outra civilização na História da humanidade. No entanto, ouvimos que o número de pessoas seriamente doentes entre nós é fenomenal. Em 1996, Bob Garfield, jornalista de uma revista, analisou reportagens sobre doenças graves publicadas durante um ano no *Washington Post, New York Times* e *USA Today*. Descobriu que, além dos 59 milhões de americanos com doenças cardíacas, 53 milhões com enxaqueca, 25 milhões com osteosporose, 16 milhões com obesidade e 3 milhões com câncer, muitos americanos sofrem de males mais obscuros, como disfunção da articulação temporomandibular (10 milhões) e distúrbios cerebrais (2 milhões). Somando as estimativas, Garfield chegou à conclusão de que 543 milhões de americanos estão gravemente doentes – um número chocante em uma nação com 266 milhões de habitantes".

[14] Ao se referir ao alarde midiático sobre um suposto aumento na violência homicida no trânsito verificado nos EUA na década de 1990, Glassner (2003, p. 57) exemplifica como se dá esse processo de fuga de questões sociais nodais em prol de discussões vazias de conteúdo social *real*: "as preocupações a respeito do comportamento incivilizado dos americanos datam pelo menos da época da expansão das fronteiras. Na atualidade, o mau comportamento atrás da direção está longe de ser a forma de incivilidade mais significativa ou premente. Lembremos do caso do negro inválido do Texas surrado por racistas, depois acorrentado a uma caminhonete e arrastado pela rua até a morte ou do universitário *gay* de Wyoming amarrado a uma cerca, baleado e abandonado para morrer: seria melhor concentrarmos nossa atenção em incivilidades grandiosas como racismo e homofobia. Em vez disso, somos entretidos por referências forçadas envolvendo histórias so-

As representações midiáticas dos "problemas sociais", assim, permitem, de acordo com a análise de Bourdieu (1997), grandes "recortes" na realidade, de forma a apresentar ao público consumidor apenas os fatos que interessem a todos, quais sejam, os fatos *omnibus*, que, por essa característica, não dividem, mas, pelo contrário, formam consensos, mas de um modo tal que não tocam – como denunciado por Glassner – na essência do problema. Trata-se, na perspectiva de Garland (2005), de uma fusão imperceptível entre *notícia* e *entretenimento*.

Dessa forma, a mídia – e em especial a televisão[15] – acaba por "ocultar mostrando", ou seja,

> mostrando uma coisa diferente do que seria preciso mostrar caso se fizesse o que supostamente se faz, isto é, informar; ou ainda mostrando o que é preciso mostrar, mas de tal maneira que não é mostrado ou se torna insignificante, ou construindo-o de tal maneira que adquire um sentido que não corresponde absolutamente à realidade. (Bourdieu, 1997, p. 24).

A busca do sensacional e do espetacular, do *furo* jornalístico, é o princípio de seleção daquilo que pode e daquilo que não pode ser mostrado, o que é definido pelos índices de audiência – ou seja, pela pressão do campo econômico, do mercado, sobre os jornalistas.[16] E as imagens, aliadas às legendas que dizem o que é preciso ler e compreender, produzem o *efeito de real*, ou seja, fazem ver e fazem crer no que fazem ver.[17] Com isso, os jornalistas e demais

---

bre fúria no trânsito ou, pior, por arautos do medo que tentam confundir os assuntos *de propósito*".

[15] Garland (2005) refere que a revolução da televisão a partir da década de 1960 modificou o resto da mídia. Para o autor (2005, p. 152), "al incrementarse su audiência, el impacto de ésta sobre los gustos populares y su creciente cuota de ingresos por publicidad obligó a los diarios a competir cada vez más en los términos de la televisión. La consecuencia fue una concentración aún mayor de la industria de los periódicos, el surgimiento del periodismo sensacionalista y una tendencia creciente hacia una fusión imperceptible de las noticias y el entretenimiento".

[16] Como destaca Bourdieu (1997, p. 67), "não há discurso (análise científica, manifesto político etc.) nem ação (manifestação, greve etc.) que, para ter acesso ao debate público, não deva submeter-se a essa prova de seleção jornalística, isto é, a essa formidável *censura* que os jornalistas exercem, sem sequer saber disso, ao reter apenas o que é capaz de lhes *interessar*, de 'prender sua atenção', isto é, de entrar em suas categorias, em sua grade, e ao relegar à insignificância ou à indiferença expressões simbólicas que mereceriam atingir o conjunto dos cidadãos".

[17] De acordo com Garland (2005), a televisão é capaz de veicular informações íntimas, "expressivas", despertando nos espectadores uma sensação de imediatismo

"trabalhadores da mídia" transformam-se cada vez mais em "pequenos diretores de consciência que se fazem, sem ter de forçar muito, os porta-vozes de uma moral tipicamente pequeno-burguesa, que dizem 'o que se deve pensar' sobre o que chamam de 'os problemas da sociedade'." (Bourdieu, 1997, p. 65).

O perigo decorrente disso é justamente o fato de que a mídia de massa impõe ao conjunto da sociedade uma forma bastante peculiar de enxergar os "problemas sociais", fruto de uma lógica mercadológica que busca, a todo custo, a audiência, ou seja, o sucesso comercial.

A potenciação desse perigo ocorre em virtude do fato de que o poder de "evocação" exercido pela mídia tem efeitos de "mobilização". A mídia pode

> fazer existir idéias ou representações, mas também grupos. As variedades, os incidentes ou os acidentes cotidianos podem estar carregados de implicações políticas, éticas etc. capazes de desencadear sentimentos fortes, freqüentemente negativos, como o racismo, a xenofobia, o medo-ódio do estrangeiro, e a simples narrativa, o fato de relatar, *to record*, como *repórter*, implica sempre uma construção social da realidade capaz de exercer efeitos sociais de mobilização (ou de desmobilização). (Bourdieu, 1997, p. 28).

Em decorrência de interesses meramente mercadológicos, os meios de comunicação de massa promovem um falseamento dos dados da realidade social, gerando enorme alarde ao vender o "crime" como um rentável produto, respondendo às expectativas da audiência ao transformar casos absolutamente *sui generis* em paradigmas, aumentando, assim, o catálogo dos medos e, consequentemente e de forma simplista como convém a um discurso *vendável*, o clamor popular pelo recrudescimento da intervenção punitiva. Afinal, como destaca Bauman (2008, p. 15),

> a economia de consumo depende da produção de consumidores, e os consumidores que precisam ser produzidos para os produtos destinados a enfrentar o medo são temerosos e amedrontados, esperançosos de que os perigos que temem sejam forçados a recuar graças a eles mesmos (com ajuda remunerada, obviamente).

---

e intimidade, ou seja, uma sensação de estar face a face com o objeto da apresentação, o que conduz a uma nova ênfase nos aspectos emotivos e íntimos de determinados eventos, bem como à tendência cada vez maior de revelar as "personalidades" dos envolvidos.

A chave de compreensão da vinculação entre mídia e sistema penal, segundo Batista (2009), é o compromisso da imprensa – ligada aos grupos econômicos que exploram os negócios do ramo das telecomunicações – com o empreendimento neoliberal, tendo por escopo uma função legitimante do sistema punitivo. Essa legitimação implica, para o referido autor, a alavancagem de determinadas crenças e a ocultação – sorridente – de informações que as desmintam. Assim, o "novo *credo* criminológico da mídia tem seu núcleo irradiador na própria ideia de pena: antes de mais nada, creem na pena como rito sagrado de solução de conflitos." (Batista, 2009, p. 3).

Desencadeiam-se, assim, campanhas midiáticas de "lei e ordem" inspiradas no modelo norte-americano[18] que se utilizam de fatores como a *invenção da realidade* – por meio de estatísticas falaciosas e do aumento do tempo do espaço publicitário dedicado aos fatos relacionados ao crime –, a criação de *profecias que se autorrealizam* – por meio de *slogans* como "a impunidade é a regra", "os presos entram por uma porta e saem por outra" – e a *produção de indignação moral* para reforçar os argumentos em prol da necessidade de cada vez mais segurança (Zaffaroni, 2001).

Segundo a análise de Díez Ripollés (2003, p. 28), os meios de comunicação realizam diversas atividades para lograr o reconhecimento e a delimitação social do problema da criminalidade:

> ante todo, trazan los contornos de éste, lo que llevan a efecto tanto reiterando informaciones sobre hechos similares [...], como agrupando hechos hasta entonces no claramente conectados, incluso realizando conceptuaciones nuevas de hechos criminales ya conocidos; todo ello puede originar, incidental o intencionalmente, una percepción social de que existe una determinada ola de criminalidad, lo que refuerza la relevância del problema. En segundo lugar, destacan los efectos prejudiciales de la situación existente, dañosidad que pueden referir a ámbitos sociales muy distintos y desenvolver simultánea o alternativamente en planos materiales, expresivos o integradores. Finalmente, plantean genéricamente la necesidad de ciertas decisiones legislativas penales.

Brandariz García (2004) sintetiza as principais características das representações midiáticas da criminalidade como sendo: a) a

---

[18] Zaffaroni (2007, p. 72) destaca que "a difusão mundial desse discurso é favorecida pela brevidade e pelo impacto emocional do estilo vindicativo, que se encaixa perfeitamente na lógica discursiva da televisão, dado o alto custo de operação e a escassa disposição dos espectadores a todo e qualquer esforço pensante".

narração dicotômica da realidade em Bem e Mal, contribuindo para a solidificação dos códigos valorativos do público; b) a representação da realidade criminosa a partir de um número limitado de estereótipos simplistas e de fácil consumo, invariavelmente aqueles que podem ser mais facilmente apresentados como *espetáculo*; c) a submissão da criminalidade aos ditados da gramática midiática, como a rapidez, a simplificação, a dramatização, a proximidade e imediatidade, apresentando cada informação como um fato novo e surpreendente, o que fica claro a partir das denominadas *ondas artificiais* de criminalidade; d) a geração de um efeito de ampliação do alarme social em relação a determinadas formas de criminalidade, incrementando o temor do cidadão em ser vítima dos delitos hipervisibilizados.

Em cotejo com as características acima apresentadas por Brandariz García, a análise de Wacquant (2004, p. 229-230) do processo de influência dos meios de comunicação de massa na formação da opinião pública acerca da criminalidade na França assume especial pertinência por bem ilustrar como se dá esse processo e por se aproximar da forma com que ele ocorre no Brasil:

> O jornal das 20 horas transmudou-se em crônica dos noticiários judiciais, que parecem subitamente formigar e ameaçar em toda parte; lá, um professor pedófilo; aqui, uma criança assassinada; mais adiante, um ônibus depredado. Os programas especiais se multiplicam nos horários nobres, como esta edição de "Ça peut vous arriver", a qual, sob a rubrica das "violências escolares", desfia a trágica história de um guri que se suicidou após uma chantagem, molecagem de pátio de escola primária, caso totalmente aberrante mas prontamente erigido a paradigma para as necessidades da audiência. As revistas semanais regurgitam reportagens que revelam "as verdadeiras cifras", as "notícias secretas" e outros "relatórios exclusivos" sobre a delinqüência, em que o sensacionalismo compete com o moralismo, sem esquecer-se de entabular periodicamente a pavorosa cartografia dos "bairros proibidos" e de debulhar os "conselhos práticos" indispensáveis para fazer face aos perigos decretados, onipresentes e multiformes.

O caso Isabela Nardoni, no Brasil, bem ilustra a forma como a mídia de massa nacional explora o crime e a criminalidade: o caso isolado de uma menina que foi assassinada violentamente passou a ser visto como uma forma de criminalidade bastante frequente no País e, mesmo contrariando a realidade objetiva – visto que casos semelhantes são bastante raros no país –, serviu como "espetáculo" midiático por mais de dois meses consecutivos, espetáculo esse marcado pelas pressões populares por justiça – leia-se *vingan-*

*ça* – contra o pai e a madrasta da menina, acusados pela prática do crime. A divulgação *ad nauseam* de imagens dos acusados sendo escoltados por policiais em meio a uma massa popular sedenta por agredi-los[19] fez recordar a lição de Garapon (1997, p. 94) no sentido de que

> los medios, que son el instrumento de la indignación y de la cólera públicas, pueden acelerar la invasión de la democracia por la emoción, propagar una sensación de miedo y de victimización e introducir de nuevo en el corazón del individualismo moderno el mecanismo del chivo expiatorio que se creia reservado para tiempos revueltos.[20]

Esses exemplos servem para demonstrar o surgimento de um discurso midiático acerca da criminalidade que se move por si próprio – tendo por fio condutor os índices de audiência – e que, em decorrência da sua superficialidade ao tratar do problema na sociedade contemporânea, é designado por Zaffaroni (2007, p. 69) como *cool*, dado que "não é assumido como uma convicção profunda, mas sim como uma moda, à qual é preciso aderir para não ser estigmatizado como antiquado ou fora de lugar e para não perder espaço publicitário".

Com efeito, no discurso midiático *cool*,

> não há debate, não há atrito: todo e qualquer discurso legitimante da pena é bem aceito e imediatamente incorporado à massa argumentativa dos editoriais e das crônicas. Pouco importa o fracasso histórico real de todos os preventivismos capazes de serem submetidos à constatação empírica, como pouco importa o fato de um retribucionismo puro, se é que existiu, não passar de um ato de fé. (Batista, 2009, p. 4).

---

[19] Batista (2009, p. 4) refere que a equação penal "se houve delito tem que haver pena" constitui a lente ideológica que se interpõe entre a lente da mídia e a realidade. Com isso, "tensões graves se instauram entre o delito-notícia, que reclama imperativamente a pena-notícia, diante do devido processo legal (apresentado como estorvo), da plenitude de defesa (o *locus* da malícia e da indiferença), da presunção de inocência (imagine-se num flagrante gravado pela câmara!) e outras garantias do Estado democrático de direito, que só liberarão as mãos do verdugo quando o delito-processo alcançar o nível do delito-sentença (= pena-notícia)".

[20] Sobre os casos envolvendo homicídio de crianças, Garapon (1997, p. 99) assinala que "los asesinatos de niños se convierten en acontecimientos nacionales para una opinión pública fascinada por la muerte y la transgresión. Su exasperación por los medios acabará por hacer creer al ciudadano no avisado que este tipo de crímenes es frecuente, lo que no es el caso".

Essa "vagueza" de respaldo teórico do discurso midiático sobre a criminalidade é suprimida pela opinião dos especialistas *ad hoc* que, diante de um determinado caso concreto transformam-se, da noite para o dia, em *autoridades no assunto*.[21] Zaffaroni (2007) identifica essa "publicidade" do sistema penal com a publicidade de determinados analgésicos: em ambos os casos, utilizam-se os especialistas ou atores para cumprir com o papel de dar credibilidade àquilo que se expõe. Reveste-se, assim, o discurso *leviano* da mídia com a autoridade dos especialistas, credenciados pelo exercício profissional, pela academia, pela ocupação de um cargo público ou até mesmo por um episódio de vida privada, no caso das vítimas que são chamadas – e instrumentalizadas – a contribuírem com o caso a partir das suas "experiências pessoais".

Batista (2009) atenta para a regra de ouro desta estratégia, qual seja, que o discurso do "especialista" esteja concorde com o discurso da mídia. Daí referir Bourdieu (1997) a existência de *fast thinkers*, ou seja, pensadores preparados para dizer tudo sobre qualquer coisa, por meio de "ideias feitas" que não encontram restrição por parte dos destinatários, porque são banais, convencionais, pré-aceitas.[22]

A utilização mercadológica do medo da criminalidade e a consequente busca, por meio do recrudescimento punitivo, da "solução" para o problema, transformam os meios de comunicação de

---

[21] Exemplificando como se dá esse processo, refere Batista (2009, p. 9): "o caso do 'maníaco do parque' exumou a psiquiatria forense mais rasteira e atrasada; crimes ambientais chamam a opinião de biólogos e militantes verdes, que ingressam lepidamente em tormentosas questões jurídico-penais; na violência policial contra a classe média, a *troupe* dos direitos humanos ganha o centro do picadeiro, de onde é retirada, constrangida, quando o motim na penitenciária foi por fim controlado; etc.

[22] Segundo Bourdieu (1997, p. 41), "se a televisão privilegia certo número de *fast-thinkers* que propõem *fast-food* cultural, alimento cultural pré-digerido, pré-pensado, não é apenas porque (e isso faz parte também da submissão à urgência) eles têm uma caderneta de endereços, aliás sempre a mesma (sobre a Rússia, são o sr. ou a sra. X, sobre a Alemanha, é o sr. Y): há falantes obrigatórios que deixam de procurar quem teria realmente alguma coisa a dizer, isto é, em geral, jovens ainda desconhecidos, empenhados em sua pesquisa, pouco propensos a freqüentar a mídia, que seria preciso ir procurar, enquanto que se tem à mão, sempre disponíveis e dispostos a parir um artigo ou a dar entrevista, os *habitués* da mídia. Há também o fato de que, para ser capaz de 'pensar' em condições em que ninguém pensa mais, é preciso ser pensador de um tipo particular".

massa em agências que, na sociedade contemporânea, representam uma espécie de "privatização parcial do poder punitivo" (Batista, 2009, p. 19), responsáveis, não raro, por julgamentos que só serão posteriormente *ratificados* pelo Judiciário, salvo nos casos em que o alarde midiático e a demonização daquele que foi escolhido na ocasião para representar a "personificação do mal" são tão incisivos que transformam o julgamento midiático em definitivo, por meio de execuções privadas, levadas a cabo por quem entrará para a história como "justiceiro".

Outra importante consequência da "midiatização do medo da criminalidade" é a sua influência na política, redundando na elaboração de legislações que, atendendo aos clamores midiáticos, cada vez mais alargam o âmbito de interferência do Direito Penal na vida social, bem como incrementam o seu rigor na tentativa de "tranquilizar" a alarmada população, proporcionando-lhe maior "segurança" por meio da atuação do sistema punitivo. É o que será abordado nos capítulos que seguem.

### 1.4. O Direito Penal simbólico

O constante desenvolvimento das tecnologias da informação afeta cada vez mais diretamente o debate político. Os meios de comunicação de massa, em especial o rádio e a televisão, configuram na contemporaneidade um espaço privilegiado da política, tornando-se possível a afirmação de que, sem o precioso auxílio da mídia, não há meios de adquirir ou exercer o poder, diante do fenômeno denominado por Castells (2000) de "política informacional".

A formação da opinião pública pelos meios massivos de comunicação[23] acerca dos medos, da insegurança e da necessidade de afastá-los por meio da intervenção do sistema punitivo deságua na

---

[23] Brandariz García (2004, p. 37-38) destaca, no entanto, que não se pode entender "que los *media* son los que producen, de forma unilateral, los modos de comprensión de los fenómenos de referencia, sino que se da una interacción entre *media*, instancias de persecución (fundamentalmente la policía), instituciones, y público, en la que todos los actores tienden a modular la comprensión global, reforzando los puntos de vista colectivos. En este sentido, es especialmente evidente la dependencia mediática de las instituciones policiales como fuente de información".

pressão popular sobre os poderes públicos para que as reformas penais necessárias para fazer frente à "cada vez mais aterradora criminalidade" sejam efetivamente levadas a cabo.

A visão deformada dos meios de comunicação de massa acerca da realidade delitiva de um país, em que pese desviar-se dos índices oficiais de criminalidade, produz consequências reais como o aumento dos efetivos policiais, reformas legislativo-penais, e, ainda, a derrota eleitoral caso os cidadãos sejam levados a crer que o Governo não pode controlar a delinquência (Navarro, 2005).

Com isso, os poderes públicos, "conocedores de los significativos efectos socializadores y, sobre todo, sociopolíticos que la admisión de tales demandas conlleva, no sólo se muestran proclives a atenderlas sino que con frecuencia las fomentan." (Díez Ripollés, 2002, p. 66).[24] O Estado, assim, ao invés de introduzir elementos de racionalidade nas demandas por mais segurança, alimenta-as em termos populistas (Silva-Sánchez, 1999), dado que "la legitimidad del poder público exige que la promesa de la seguridad crezca con los riesgos, y sea ratificada ante la opinión pública." (Cepeda, 2007, p. 51).

Por conseguinte, "os políticos – presos na essência competitiva de sua atividade – deixam de buscar o *melhor* para preocupar-se apenas com *o que pode ser transmitido de melhor* e aumentar sua clientela eleitoral." (Zaffaroni, 2007, p. 77). Isso porque o político que pretender confrontar o discurso majoritário acerca da criminalidade é logo desqualificado e marginalizado dentro de seu próprio partido, razão pela qual acaba por assumi-lo, seja por cálculo eleitoreiro, seja por oportunismo ou até mesmo por medo. Diante da imposição do discurso midiático, os políticos "devem optar entre aderir à publicidade da repressão e ficar na moda (tornar-se *cool*) ou ser afastados pelos competidores internos de seus próprios partidos, que aproveitariam o flanco débil de quem se mostra *antiquado* e *impopular*, ou seja, não *cool*." (Zaffaroni, 2007, p. 78).

Assim, as medidas buscadas pelos atores políticos devem ser penalogicamente críveis e ao mesmo tempo manter a credibilida-

---

[24] Díez Ripollés (2003, p. 24) salienta que "la preocupación por el delito o la delincuencia está muy vinculada a lo que se suelen llamar las *actitudes punitivas* presentes en una determinada sociedad, que expresarían los puntos de vista de los miembros de ésta sobre los contornos y el grado de intervención penal que consideran necesarios".

de política e o apoio popular. Nesse sentido, as respostas ao crime que possam ser tidas como veementes, inteligentes e efetivas ou expressivas são as mais atraentes, ao passo que as que possam ser interpretadas como retração, reconhecimento do fracasso ou dissociadas do sentimento público são consideradas inconvenientes. Ou seja, o problema é mais de retórica política e aparência do que de efetividade prática (Garland, 2005).

Como argumenta Bauman (1999, p. 124-125), na sociedade contemporânea,

> um bocado de tensão acumula-se em torno da busca de segurança. E onde há tensão os investidores espertos e os corretores competentes com certeza reconhecerão um capital político. Apelos a medos relacionados à segurança estão verdadeiramente acima das classes e partidos, como os próprios medos. É talvez uma feliz coincidência para os operadores políticos e os esperançosos que os autênticos problemas de segurança e incerteza se tenham condensado na angústia acerca da segurança; pode-se supor que os políticos estejam fazendo algo acerca dos primeiros exatamente por vociferarem sobre esta última.

Torna-se, assim, possível asseverar que o Direito Penal assume, como ressalta Albrecht (2000, p. 472), um caráter de "arma política",[25] apresentando-se como um instrumento de comunicação, uma vez que ele permite transladar os problemas e conflitos sociais a um tipo de análise específica que se apoia na função analítica e categorial característica do discurso penal, dado que o cumprimento desta função não requer mais que a demonstração exemplar da atividade da prática legislativa e da justiça penal.

É exatamente nesse sentido que Bauman (1999, p. 126) destaca que

> a construção de novas prisões, a redação de novos estatutos que multiplicam as infrações puníveis com prisão e o aumento das penas — todas essas medidas aumentam a popularidade dos governos, dando-lhes a imagem de severos, capazes, decididos e, acima de tudo, a de que "fazem algo" não apenas explicitamente pela

---

[25] Como destaca Cueva (2002, p. 3), "ninguna parcela del Ordenamiento jurídico es más sensible a las variaciones ideológicas que el Derecho Penal. Como ya ha sido apuntado, la influencia de los cambios políticos en las leyes punitivas es evidente con una simple ojeada por fugaz que sea a las historia de los pueblos. El derecho de castigar expresa, en gran medida, la ideología y, en consecuencia, las convicciones o falta de convicciones jurídicas de una determinada sociedad. Como ha escrito Carbonell Mateu, el Derecho Penal se presenta como un instrumento al servicio de la política criminal y ésta es una parte de la política general del Estado, lo que convierte a aquél en un instrumento político".

segurança individual dos governados mas, por extensão, também pela garantia e certeza deles. (Bauman, 1999, p. 126).

O problema, segundo Díez Ripollés (2007), não é o fato de que a experiência e as percepções cotidianas do povo condicionem a criação e aplicação do Direito, o que é absolutamente legítimo em um ambiente democrático, mas sim o fato de que essas experiências e percepções são atendidas pelo legislador, na maioria das vezes, sem intermediários especializados, ou seja, sem a interposição de uma reflexão que valore as complexas consequências a que toda decisão penal conduz.[26]

Com isso, da mesma forma como acontece no campo midiático, no campo político, a valorização da intervenção da justiça penal atua como mecanismo de encobrimento e ocultação das contradições do sistema, dado que viabiliza a *personalização* dos problemas sociais, em detrimento de uma imputação política. Esquiva-se de uma intervenção político-estrutural, transladando a discussão para aspectos acessórios de forma a desviá-la da essência do problema (Albrecht, 2000).[27]

Uma das características marcantes desse processo de "apropriação" do medo e sua racionalização pela política, decorrente justamente da utilização do Direito Penal como "arma política",

---

[26] A propósito, Garland (2005, p. 240) assevera que "las medidas de política pública se construyen privilegiando la opinión pública y no la visión de los expertos y de las élites profesionales de la justicia penal. Los grupos profesionales que alguna vez dominaron la comunidad de aquellos que diseñan las políticas públicas han ido – cada vez más – perdiendo peso. Las políticas públicas son formuladas por comitês de acción política y por asesores políticos, no por investigadores ni funcionarios públicos. Las iniciativas se anuncian em escenarios políticos, es decir, en la convención o el congreso del partido político, en la entrevista televisada".

[27] Como refere Garland (2005, p. 192). "el *político*, que suele ver las iniciativas de políticas públicas en términos de su atracción política y en relación con otras posiciones políticas, actúa en el marco del horizonte temporal de la competencia eleitoral, a la luz de la publicidad obsesiva de los medios masivos de comunicación y se basa fundamentalmente en un saber 'político' – sobre la opinión pública, las preferências de grupos focales, las tácticas de la oposición y los resultados de la investigación científica. Las iniciativas de políticas públicas son frecuentemente reactivas, desencadenadas por eventos particulares y deliberadamente partisanas. Como consecuencia, tienden a ser apasionadas y improvisadas, construidas en torno a casos impactantes pero atípicos y a estar más preocupadas de ajustarse a la ideología política y a la percepción popular que al conocimiento experto o a las capacidades comprobadas de las instituciones".

é a supressão da dicotomia esquerda-demandas de descriminalização/direita-demandas por criminalização. A esquerda política, historicamente identificada com a compreensão da penalização de determinadas condutas como mecanismo de manutenção do *status quo* do sistema político-econômico de dominação, descobre na contemporaneidade que algumas formas de "neocriminalização" tipicamente de esquerda, como, por exemplo, os delitos de discriminação racial, os que são praticados pelos "colarinhos brancos", ou os que têm por vítimas mulheres/minorias, são importantes mecanismos de captação de credibilidade política – leia-se "votos". Por outro lado, a direita política descobre que a aprovação de normas penais é uma via para adquirir matrizes políticas progressistas (Meliá, 2005b).

Tal panorama refere-se a uma escalada "na qual ninguém está disposto a discutir de verdade questões de política criminal no âmbito parlamentar e na qual a demanda indiscriminada de maiores e mais efetivas penas já não é um tabu político para ninguém." (Meliá, 2005b, p. 104). Por esse viés, Brandariz García (2004, p. 37-38) destaca que "las crescientes demandas públicas de seguridad se convierten en un valor público que puede ser fácilmente negociado mediante el siguiente intercambio: consenso electoral a cambio de simbólicas representaciones de seguridad".

Chega-se, assim, ao

> reino del proceder legislativo declarativo-formal, cuya pretensión fundamental es plasmar en la norma legal del modo más fiel y contundente posible el estado actual de las opiniones colectivas sobre una determinada realidad social conflictiva, y que está ayuno de cualquier consideración sobre la medida en que la norma en cuestión puede colaborar a la solución del problema. (Díez Ripollés, 2002, p. 66).

Nesse contexto, não se questiona a *efetividade* da norma, uma vez que se busca demonstrar que sua mera existência no ordenamento jurídico basta para a solução de um determinado problema social, encobrindo, assim, a incapacidade do Estado nesse sentido, olvidando-se

> que la diferencia entre políticas de seguridad autoritarias y democráticas radica en que mientras estas últimas están orientadas a lograr la confianza de los ciudadanos, las políticas de seguridad autoritarias están encaminadas a conseguir la adhesión de los ciudadanos, utilizando para ello mecanismos populistas cuyo objetivo es canalizar en provecho de determinadas personas o partidos políticos sentimientos, miedos o reacciones sociales. Es el discurso del miedo destinado a

> producir obediencia, o en otros casos, a establecer una cortina de humo ante errores o desaciertos de los poderes públicos en otros ámbitos de su gestión, cuando ni la libertad ni la seguridad, como la paz auténtica, son posibles desde el miedo. El miedo, alejado de su utilidad primaria, no genera sino ansia de seguridad. (Cepeda, 2007, p. 50-51).

Entre as razões principais da utilização política do Direito Penal encontra-se o fato de que, por meio dele, o legislador adquire uma "boa imagem" em face da sociedade, na medida em que, a partir de decisões político-criminais irracionais atende às demandas sociais por segurança, obtendo, assim, reflexamente, um grande número de votos. Não obstante isso, a utilização do Direito Penal simbólico representa a alternativa mais "barata" na hora de articular soluções para problemas sociais, visto que as medidas e programas sociais sempre são mais custosos do ponto de vista financeiro (Cepeda, 2007). Com isso, "el Estado reencuentra o, más bien, persigue la legitimación perdida como consecuencia de su retirada de los territorios de lo econômico y de lo social." (Brandariz García, 2004, p. 38).

Vislumbra-se, assim, o surgimento de um certo "populismo punitivo" que, na lição de Callegari e Motta (2007, p. 17), "pode ser definido como aquela situação em que considerações eleitorais primam sobre as considerações de efetividade". Para os referidos autores (2007, p. 18-19) "o discurso político quase nunca reflete as medidas necessárias, embora aparentemente demonstre aos cidadãos certa tranquilidade, que poderá advir das aprovações das medidas propostas".

Com efeito, de acordo com Bauman (2007, p. 149)

> os perigos que mais tememos são imediatos: compreensivelmente, também desejamos que os remédios o sejam – "doses rápidas", oferecendo alívio imediato, como analgésicos prontos para o consumo. Embora as raízes do perigo possam ser dispersas e confusas, queremos que nossas defesas sejam simples e prontas a serem empregadas aqui e agora. Ficamos indignados diante de qualquer solução que não consiga prometer efeitos rápidos, fáceis de atingir, exigindo em vez disso um tempo longo, talvez indefinidamente longo, para mostrar resultados. Ainda mais indignados ficamos diante de soluções que exijam atenção às nossas próprias falhas e iniquidades, e que nos ordenem, ao estilo de Sócrates, que "conheça-te a ti mesmo!". E abominamos totalmente a idéia de que, a esse respeito, há pouca diferença, se é que há alguma, entre *nós*, os filhos da luz, e *eles*, as crias das sombras.

A população, acossada diante do medo e da insegurança, pugna por resultados rápidos e eficientes, e os partidos políticos, buscando dar respaldo a estes anseios, respondem cada vez mais debilitando as garantias atinentes à segurança jurídica, por meio de medidas legislativas. Relativamente a isso, o Direito Penal, no afã de dar respostas rápidas às demandas populares, assume cada vez mais um caráter simbólico,[28] dado que proporciona resultados político-eleitorais imediatos a partir da criação, no imaginário popular, da "impressão tranquilizadora de um legislador atento e decidido" (Silva Sánchez *apud* Meliá, 2005a, p. 59). Busca-se por meio do recurso à legislação penal uma solução fácil para os problemas sociais, relegando ao plano simbólico o que deveria ser resolvido em nível instrumental. Considerando isso,

> un espetáculo de fuerza punitiva contra ciertos individuos es utilizado para reprimir cualquier tipo de reconocimiento de la incapacidad del Estado para controlar el delito en niveles aceptables. Una predisposición a impartir castigos severos a los delincuentes mágicamente compensa el fracaso en brindar seguridad a la población en general. (Garland, 2005, p. 226).

A legislação penal assim produzida mostra-se extremamente conveniente aos interesses políticos de curto prazo, visto que, conforme salienta Paul (1991), os símbolos jurídicos possuem uma função manipulativa, uma vez que criam na população deslumbramento, tranquilidade e ilusões, conduzindo-a, portanto, a uma falsa percepção da realidade.[29] Com isso, as funções do Direito Penal são pervertidas e são oferecidas à opinião pública perspectivas de solução aos problemas que não correspondem com a realidade.[30]

---

[28] Na lição de Andrade (1997, p. 293), afirmar que o Direito Penal é simbólico não significa "que ele não produza efeitos e que não cumpra funções reais, mas que as funções latentes predominam sobre as declaradas não obstante a confirmação simbólica (e não empírica) destas. A função simbólica é assim inseparável da instrumental à qual serve de complemento e sua eficácia reside na aptidão para produzir um certo número de representações individuais ou coletivas, valorizantes ou desvalorizantes, com função de 'engano'".

[29] Sobre o tema, Andrade (1997, p. 313) assinala que "o déficit de tutela real dos Direitos Humanos é [...] compensado pela criação, no público, de uma ilusão de segurança jurídica e de um sentimento de confiança no Direito Penal e nas instituições de controle que têm uma base real cada vez mais escassa".

[30] Nesse contexto também se deve atentar para o fato de que a utilização do Direito Penal no sentido de infundir confiança na sociedade e/ou educá-la – ou seja, a utilização do Direito Penal com fins meramente publicitários ou de difusão de mensagens – redunda na extensão do âmbito que deve ser coberto pela tutela

Ou seja, a legislação penal simbólica tem na sua própria existência a sua principal virtude, visto que representa ações expressivas, catárticas, no sentido de censurar o crime e confortar o público, uma vez que são aprovadas no calor da indignação popular em face de crimes violentos marcantes. Daí referir Garland (2005) que dita legislação tem o selo de qualidade "feita para a televisão", já que sua preocupação principal é demonstrar que, em reação ao sentimento de indignação do público, o Estado está disposto a usar seus poderes para manter a lei e a ordem e proteger o público cumpridor da lei. Com isso,

> la toma de decisiones políticas se vuelve una forma de *acting out* que desplaza las complejidades y el carácter necesariamente a largo plazo del control del delito *efectivo* en favor de las gratificaciones inmediatas de una alternativa más *expresiva*. La creación de la ley se transforma en una cuestión de gestos vengativos dirigidos a tranquilizar a un público preocupado y a darle la razón al sentido común, más allá de la inadecuación de estos gestos para enfrentar el problema subyacente. (Garland, 2005, p. 226).

Em um contexto tal, a *democracia* – lembra Baratta (1991) – é substituída pela *tecnocracia*, ou seja, pela *comunicação* entre os políticos e o público. E quando isso ocorre, a política cada vez mais assume a forma de *espetáculo*, visto que as decisões e os programas de decisão não se orientam no sentido de uma transformação da realidade, mas sim no sentido de uma transformação da *imagem* desta realidade diante dos espectadores, ou seja, não busca satisfazer as necessidades reais e a vontade política dos cidadãos, mas sim seguir a corrente da opinião pública.[31]

---

penal. E confiar ao Direito Penal – um instrumento coercitivo de controle social – uma missão pedagógica faz parte de uma lógica autoritária e antidemocrática. Isso sem esquecer que as normas penais inspiradas nesses fins tendem a perder sua concretude e taxatividade, o que representa um grave perigo para a liberdade do cidadão (Cepeda, 2007).

[31] A esse respeito Baratta (1991, p. 54) destaca que "la crisis de la prevención, de la función instrumental de la justicia penal significa también el fenómeno por el cual, no es tanto esta última la que debe ser utilizada como instrumento para resolver determinados problemas y conflictos, sino más bien, son determinados problemas y conflictos, cuando ellos alcanza un cierto grado de interés y de alarma social en el público, los que se convierten en la oportunidad de una acción política dirigida, antes que a funciones instrumentales específicas, a una función simbólica general: la obtención del consenso buscado por los políticos en la llamada 'opinión pública'".

Essas funções simbólicas tendem a prevalecer sobre as funções instrumentais, dado que

> el déficit de tutela real de bienes jurídicos es compensado por la creación, en el público, de una ilusión de seguridad y de un sentimiento de confianza en el ordenamiento y en las instituciones que tienen una base real cada vez más escasa: en efecto, las normas continúan siendo violadas y la cifra obscura de las infracciones permanece altísima mientras las agencias de control penal siguen midiéndose con tareas instrumentales de imposible realización por esse hecho: piénsese en la defensa de la ecología, en la lucha contra la criminalidad organizada, en el control de las toxicodependencias y en la mortalidad en el tráfico automotor. (Baratta, 1991, p. 53).

Buscando identificar as diversas formas assumidas pelo Direito Penal simbólico, Díez Ripollés (2002, p. 88-94) classifica-o em três grandes blocos. O primeiro deles é composto pelas normas que, em função do objetivo a ser satisfeito, podem ser concebidas como: a) *leis reativas*, onde predomina o objetivo de demonstrar a rapidez de reflexo de ação do legislador em face da aparição de novos problemas; b) *leis identificadoras*, a partir das quais se manifesta a identificação do legislador com determinadas preocupações dos cidadãos; c) *leis declarativas*, por meio das quais se busca aclarar contundentemente quais são os valores corretos a respeito de uma determinada realidade social; d) *leis principialistas*, que manifestam a validade de certos princípios de convivência; e) *leis de compromisso*, cujo papel principal é mostrar às forças políticas que as impulsionam o respeito aos acordos alcançados.

O segundo bloco é composto pelas normas que, em função das pessoas primordialmente afetadas, podem ser classificadas como: a) *leis aparentes*, cuja formulação defeituosa do ponto de vista técnico as torna inacessíveis às condições operativas do processo penal; b) *leis gratuitas*, que são aprovadas sem os recursos pessoais ou materiais necessários para sua efetiva aplicação no caso de infração; c) *leis imperfeitas*, que não preveem sanções ou sua aplicação é tecnicamente impossível.

Já o terceiro bloco é composto pelas normas que, em função dos efeitos sociais produzidos, podem ser classificadas como: a) *leis ativistas*, por meio das quais se busca suscitar nos cidadãos a confiança de que se está fazendo algo em face dos problemas sociais; b) *leis apaziguadoras*, que têm por escopo acalmar as reações emocionais que certos sucessos criminais produzem entre a sociedade; c) *leis promotoras*, cujo objetivo é a modificação de determinadas atitudes sociais em face de certos problemas sociais; d) *leis autoritárias*, que procuram demonstrar a capacidade coativa geral dos poderes públicos.

A partir da classificação empreendida por Díez Ripollés, é possível verificar que a ideia que permeia a produção do Direito Penal simbólico é a de *eficiência*, ou seja, de *fazer crer* de forma contundente que "algo está sendo feito" como resposta às pressões populares por mais segurança. O eficientismo penal, segundo Cepeda (2007, p. 37), "es la nota del Derecho penal en esta era de la globalización. Lo que importa es que el sistema sea eficiente, que alcance sus resultados programados, aunque con un alto coste en el recorte de los derechos y garantías fundamentales".

Nesse sentido, a partir da noção de eficiência, torna-se possível subdividir as normas penais que vêm sendo produzidas no processo de expansão do Direito Penal em dois grandes blocos: o primeiro deles é composto pela legislação cujo escopo é reacionar frente às novas formas assumidas pela criminalidade na sociedade contemporânea, em especial diante da criminalidade organizada e do terrorismo; o segundo é integrado pelas normas que constituem uma retomada, sob influência do discurso jurídico-penal que sustenta a criação das normas integrantes do primeiro bloco, da ideia do repressivismo/punitivismo como estratégia primeira de segurança diante da criminalidade tradicional. É sobre esse assunto que se ocupam os capítulos a seguir.

## 1.5. O Direito Penal do inimigo: resposta simbólica à megacriminalidade

A persecução à megacriminalidade constitui a principal afronta à eficiência do Direito Penal. Que punição pode ser imposta, por exemplo, a um terrorista disposto a amarrar explosivos ao corpo?

O terrorista, na contemporaneidade, ao lado dos demais *inimigos* da sociedade, incorpora a figura do *monstro humano* de que fala Foucault (2002), uma vez que ele representa a *infração*, ele *é* a infração, e a infração levada ao seu ponto máximo (infração em estado bruto). O problema está no fato de que, mesmo sendo a infração, ele não deflagra uma resposta da lei. O monstro, portanto, é uma infração que está automaticamente *fora* da lei. É por isso que, para Foucault (2002, p. 70), "o que faz a força e a capacidade de inquietação do monstro é que, ao mesmo tempo em que viola a lei, ele a deixa sem voz. Ele arma uma arapuca para a lei que está infringindo".

Mas o Direito Penal da contemporaneidade já não pode ficar sem dar respostas à sociedade. E é justamente em virtude dessa necessidade de mostrar-se eficiente a todo custo que surge uma das mais controvertidas teorizações da contemporaneidade: a do Direito Penal do inimigo, formulada pelo penalista alemão Günther Jakobs, a qual pode ser considerada enquanto instrumento simbólico, com escopo de tranquilização social, voltado à megacriminalidade da sociedade de risco.

Jakobs (2009) propõe a adoção da dicotomia conceitual *Direito Penal do inimigo versus Direito Penal do cidadão* para designar as concepções de autor das quais deve partir o Direito Penal no enfrentamento da criminalidade no contexto mundial atual, sob a alegação de que, sem essa diferenciação, não existe outra alternativa para o combate a determinadas formas de delinquência, em especial no que diz respeito ao caso das organizações criminosas e do terrorismo.

Na perspectiva de Jakobs,

> o direito penal pode ver no autor um *cidadão*, isto é, alguém que dispõe de uma esfera privada livre do direito penal, na qual o direito só está autorizado a intervir quando o comportamento do autor representar uma perturbação exterior; ou pode o direito penal enxergar no autor um *inimigo*, isto é, uma fonte de perigo para os bens a serem protegidos, alguém que não dispõe de qualquer esfera privada, mas que pode ser responsabilizado até mesmo por seus mais íntimos pensamentos. (Greco, 2005, p. 82).

Segundo o penalista alemão, a integridade social não se obtém através da preservação dos bens jurídicos, postura esta que entende equivocada, já que ela induz a crer na legitimação de tudo aquilo que pode ser posto em uma relação positiva com o conceito de bem jurídico, de forma que o aquilo que se pode qualificar como um ataque perigoso a um bem jurídico tem de ser socialmente nocivo (Aponte, 2004).

Pelo contrário, afirma Jakobs que a função do Direito Penal é assegurar a vigência das normas jurídicas enquanto modelo de ordenação da sociedade, ou seja, a função do Direito é a manutenção do sistema social. Dessa forma,

> a pena é coação; é coação [...] de diversas classes, mescladas em íntima combinação. Em primeiro lugar, a coação é portadora de um significado, portadora da resposta ao fato: o fato, como ato de uma pessoa racional, significa algo, significa uma desautorização da norma, um ataque a sua vigência, e a pena também significa algo; significa que a afirmação do autor é irrelevante e que a norma segue vigente sem modificações, mantendo-se, portanto a configuração da sociedade. (JAKOBS, 2009, p. 22).

Nessa ótica, é por meio da sanção que o Estado afirma que, mesmo tendo sido rompida uma norma de conduta, o cidadão pode seguir confiando nela, dado que a imposição da pena funciona como negação da negação da vigência da norma levada a cabo pelo delinquente. Ou seja, com a imposição da pena, demonstra-se para a coletividade que a norma segue vigente, que não vige a especial visão de mundo do delinquente, e que as condutas sociais podem seguir sendo orientadas com base nessa norma, que representa as expectativas gerais. Com a imposição da pena, portanto, é mantida a vigência da norma como modelo do contrato social (Lynett, 2005).

Partindo desse pressuposto é que Jakobs sustenta a existência de indivíduos que devem ser diferenciados como inimigos em relação aos demais cidadãos, razão pela qual também se faz necessário diferenciar entre um Direito Penal criado especificamente para os inimigos daquele criado especificamente para os cidadãos. O Direito Penal do cidadão

> define y sanciona delitos, o infracciones de normas, que llevan a cabo los ciudadanos de um modo incidental y que normalmente son la simple expresión de un abuso por los mismos de las relaciones sociales en que participan desde su *status* de ciudadanos, es decir, en sua condición de sujetos vinculados a y por el derecho. (Martín, 2005, p. 5).

O delito de um cidadão, para Jakobs (2009, p. 31), "não aparece como princípio do fim da comunidade ordenada, mas só como infração desta, como deslize reparável".[32] O Estado vê no cidadão

---

[32] O autor (2009, p. 31) exemplifica: "para esclarecer o que foi dito, pense no sobrinho que mata seu tio, com o objetivo de acelerar o recebimento da herança, a qual tem direito. Nenhum Estado sucumbe por um caso destas características. Ademais, o ato não se dirige contra a permanência do Estado, e nem sequer contra a de suas instituições. O malvado sobrinho pretende amparar-se na proteção

uma pessoa que, por sua conduta, ocasionou dano à vigência da norma e o chama a equilibrar este dano, desde que ele ofereça garantias de que se conduzirá conforme um cidadão, ou seja, com fidelidade ao ordenamento jurídico. Ou seja, "o Direito penal do cidadão é Direito também no que se refere ao criminoso. Este segue sendo pessoa." (Jakobs, 2009, p. 28). No entanto, "quien desea ser tratado como persona, por su parte, tiene que dar una garantía cognitiva de que se va a comportar como persona. Si esta garantía no se presenta o si ella es denegada expresamente, el derecho penal se convierte (...) en una reaccíon contra un enemigo." (Jakobs *apud* Aponte, 2004, p. 24-25).

Diferentemente do cidadão que delinquiu, portanto, o inimigo é aquele que se afasta do ordenamento jurídico de forma permanente, não oferecendo nenhuma garantia de fidelidade à norma, o que é imprescindível para o trato como pessoa em Direito (Jakobs, 2007). Para Martín (2005, p. 6),

> las actividades y la ocupación profesional de tales individuos no tienen lugar en el ámbito de relaciones sociales reconocidas como legítimas, sino que aquéllas son más bien la expresión y el exponente de la vinculación de tales individuos a una organización estructurada que opera al margen del Derecho y que está dedicada a actividades inequívocamente "delitivas". Este es el caso, por ejemplo, de los individuos que pertenecen a organizaciones terroristas, de narcotráfico, de tráfico de personas, etc. y, en general, de quienes llevan a cabo actividades típicas de la llamada criminalidad organizada.

As regulamentações do Direito Penal do inimigo, destarte, embasam-se na habitualidade e no profissionalismo das atividades dos indivíduos assim considerados, bem como ao fato de pertencerem a organizações criminosas estruturadas que afrontam o Direito Penal "ordinário". Assim,

> puesto que la existencia de enemigos en el sentido descrito es un hecho real, y puesto que la falta de seguridad cognitiva existente con respecto a ellos – esto es, el peligro que los mismos representan para la vigência del ordenamiento jurídico – es un problema que no puede ser resuelto con el Derecho penal ordinario (del ciudadano) ni tampoco con medios policiales, de ahí resulta la necesidad – que no

da vida e da propriedade dispensadas pelo Estado; isto é, comporta-se, evidentemente, de maneira autocontraditória. Dito de outro modo, opta, como qualquer um reconheceria, por um mundo insustentável. E isso não só no sentido do insustentável, desde o ponto de vista prático, em uma determinada situação, mas já no plano teórico. Esse mundo é impensável".

tiene ninguna alternativa posible – de configurar un Derecho penal del enemigo diferenciado en sus principios y en sus reglas. (Martín, 2005, p. 7).

Características do Direito Penal do inimigo são, portanto, uma extensa antecipação da intervenção penal, sem a respectiva redução da pena cominada, bem como a restrição das garantias penais e processuais penais do Estado de Direito. Conforme Jakobs (2009, p. 34), no Direito Penal do inimigo, não se busca compensar um dano à vigência de uma norma, mas eliminar um perigo, razão pela qual "a punibilidade avança um grande trecho para o âmbito da preparação, e a pena se dirige à segurança frente a fatos futuros, não à sanção de fatos cometidos".[33]

Essa diferenciação entre inimigos e cidadãos decorre da compreensão de Jakobs de que os primeiros, pelo fato de constituírem uma ameaça ao sistema social, não podem ser tratados como pessoas, mas sim combatidos como *não pessoas*. Para o autor (2009, p. 35), "um indivíduo que não admite ser obrigado a entrar em um estado de cidadania não pode participar dos benefícios do conceito de pessoa". Isso porque "sólo en la medida em que el individuo acepta el orden social constituído adquiere el *status* de persona, y si no lo acepta se convierte en una criatura animal, y, en consecuencia, el ordenamiento carece de razones para defender sus intereses." (Lesch *apud* Martín, 2005, p. 22-23).[34]

Assim, o papel do Direito Penal do inimigo não é compensar o dano causado à vigência de uma norma – como ocorre com o Direito Penal do cidadão – mas sim eliminar o perigo representado pelos indivíduos (não pessoas) que se encontram fora da ordem social estabelecida e não oferecem garantias de que voltarão a agir com fidelidade às normas instituídas por esta ordem social. E aqui

---

[33] "Portanto, o Direito Penal conhece dois pólos ou tendências em suas regulações. Por um lado, o tratamento com o cidadão, esperando-se até que se exteriorize sua conduta para reagir, com o fim de confirmar a estrutura normativa da sociedade, e por outro, o tratamento com o inimigo, que é interceptado já no estado prévio, a quem se combate por sua periculosidade." (Jakobs, 2009, p. 36).

[34] Como destaca Jakobs (2007, p. 54), "quien continuamente se comporta como Satán, al menos no podrá ser tratado como persona en derecho en lo que se refiere a la confianza de que cumplirá con sus deberes; pues falta el apoyo cognitivo para ello". Da mesma forma, assevera o autor (2009, p. 40) que "quem não presta uma segurança cognitiva suficiente de um comportamento pessoal não só não pode esperar ser tratado ainda como pessoa, mas o Estado não *deve* tratá-lo como pessoa, já que do contrário vulneraria o direito à segurança das demais pessoas".

cabe recordar, novamente, a lição foucaultiana (2002): por dirigir-se ao *monstro*, o Direito Penal do inimigo suscita tão somente a violência, a vontade de supressão pura e simples, uma vez abandonadas, no bojo de dito discurso repressivo, as preocupações com qualquer ideal reabilitador, e uma vez que o monstro, por sua condição, não desperta qualquer sentimento de piedade.

Como aduz Jakobs (2007, p. 57),

> quien no admite someterse a una constitución civil puede lícitamente ser obligado a la separación, siendo aquí indiferente, a la hora de plantear la cuestión de la legitimación de las medidas de salvaguardia, que se expulse al enemigo del país o que sea arrojado, a falta de posibilidad de destierro, a la custodia de seguridad, o sometido a una "pena" de aseguramiento, u otras posibilidades. En todo caso, el derecho no debe renunciar a causa del sujeto que persiste en su conducta desviada a alcanzar realidad; dicho de outro modo, quien no presta la garantia cognitiva de que se comportará como persona en derecho, tampoco debe ser tratado como persona en derecho.

Lidar com o inimigo, destarte, não passa de neutralizar uma fonte de perigo.[35] Daí asseverar Martín (2005, p. 23) que

> la privación y la negación de la condición de *persona* a determinados individuos, y con ello la atribución a ellos de la condición de enemigos, constituye, pues, el paradigma y el centro de gravedad del Derecho Penal del enemigo como un ordenamiento punitivo diferente, excepcional y autónomo con respecto al Derecho penal ordinario, de la normalidad o del ciudadano.

Cumpre salientar que, para Jakobs, a condição de *pessoa* não é atributo natural do ser humano, mas sim uma atribuição normativa, ou seja, a pessoa não se confunde com o ser humano existencial, uma vez que, enquanto este é o resultado de processos naturais, aquela é um produto social, definido como "la unidad ideal de derechos y deberes que son administrados a través de un cuerpo y de una conciencia." (Jakobs *apud* Martín, 2005, p. 25). "Pessoa, em *Jakobs*, é um termo técnico, que designa o portador de um papel, isto é, aquele em cujo comportamento conforme à norma se confia e se pode confiar." (Greco, 2005, p. 86).

---

[35] Segundo Díez Ripollés (2007, p. 106), "a tales individuos no se les puede considerar personas ni ciudadanos, son enemigos de la sociedad que deben ser excluidos de ella. El derecho penal que há de regir para ellos debe ser sustancialmente distinto del vigente para los ciudadanos, há de ser uno militante, encaminado a neutralizar su peligrosidad, y en el que las garantías son reducidas y la pena ya no busca reafirmar la vigencia de la norma sino asegurar el manteniniento extramuros de la sociedad de estos individuos".

Assim, não é, para Jakobs, o homem (ser humano), o sujeito do Direito Penal, mas sim a pessoa, de forma que, quando o homem aparece por detrás da pessoa, não se está a falar em um indivíduo inserido na ordem social, mas sim de um inimigo (não pessoa). E é este homem, ou seja, o ser existencial, o destinatário das normas do Direito Penal do inimigo.

É nesse ponto que se situa uma das controvérsias do discurso do Direito Penal do inimigo, dado o fato de que, se ele reconhece os destinatários de suas normas como não pessoas, a existência destas deve ser constatável já na realidade prévia à sua aplicação, pois, caso isso não seja possível, não é também possível saber se ele é efetivamente destinado a não pessoas ou a pessoas.

E aqui reside o problema: segundo o discurso do Direito Penal do inimigo, os seus destinatários são encontrados dentre aqueles que abandonaram de forma definitiva o Direito, o que se infere a partir da habitualidade delitiva e da reincidência que lhes são peculiares. No entanto, este Direito que deve ser infringido para que possa aparecer a figura do inimigo é o Direito Penal do cidadão. E um Direito só pode ser infringido por quem seja efetivamente destinatário de suas normas, logo, pelo cidadão. E mais: para comprovar efetivamente a existência do crime, o infrator deve ser submetido a um processo que também deve seguir as normas do Direito Penal do cidadão, com todas as garantias que lhes são inerentes, inclusive a conservação do estado de inocência. Uma vez comprovada a prática delitiva, a imposição e cumprimento da pena cominada à infração também devem observar as regras do Direito Penal do cidadão, pois foi este o direito infringido e, como ressalta Jakobs, quem é julgado pelo Direito Penal do cidadão não perde sua condição de pessoa, mesmo quando condenado.

Dessa forma, onde é que o Direito Penal do inimigo irá buscar seus destinatários, ou seja, não pessoas preexistentes à aplicação de suas normas? Diante dessa objeção, poder-se-ia referir que é justamente o processo que definiria a privação do *status* de pessoa ao indivíduo e seu consequente etiquetamento como inimigo. No entanto, mesmo assim, o processo deveria se desenvolver com todas as características ínsitas ao Direito Penal do cidadão. Resta, portanto, demonstrado que o Direito Penal do inimigo só é possível a partir da existência prévia de pessoas – e não de não pessoas – de forma que não se pode, assim, falar em um Direito com regras distintas daquelas instituídas pelo Direito Penal do cidadão (Martín, 2005).

Ademais, não se pode atribuir o caráter de Direito às regulamentações do Direito Penal do inimigo, justamente em virtude do paradigma sobre o qual o mesmo se sustenta, qual seja, a já mencionada consideração dos seus destinatários enquanto não pessoas. Segundo Martín (2005, p. 30), "únicamente cabe conceder el caráter de Derecho a una regulación si ésta parte del reconocimiento del hombre como persona responsable". Esta compreensão de pessoa responsável é que diferencia o Direito de um mero exercício de força e coação.

À objeção acerca da possibilidade de legitimação, em detrimento do até aqui exposto, em um Estado Democrático de Direito, de um Direito Penal do inimigo baseado tão somente na coação e na força como complementação do Direito Penal do cidadão, Jakobs (2009) responde afirmativamente, argumentando que o Direito Penal do inimigo não legitima atuações espontâneas e impulsivas, mas sim atuações regradas, de forma que o Direito Penal do inimigo poderia, sim, ser considerado como Direito, eis que suas regras também se prestariam a impor certos limites ao exercício do poder e da coação estatais.

Mesmo assim, segundo Martín (2005, p. 31), permanece em pé a questão da possibilidade de legitimação de "reglas de actuación estatal que afecten a la libertad de sus destinatarios sin reconocerles como personas y, por conseguiente, que – como sucede con las del Derecho penal del enemigo – permitan una actuación estatal que traspase los límites que impone la condición de persona". Isso porque em um Estado Democrático de Direito, constituído a partir do respeito à dignidade da pessoa humana, não há falar em designar um indivíduo humano como não pessoa. Como bem ressalta Prittwitz (2004, p. 43), "o conceito de 'não pessoa' não pode mais ser usado após 1945".

Assim, mesmo diante da afirmativa de Jakobs de que o Direito Penal do inimigo estaria legitimado por desenvolver-se com base em regras jurídicas, e não em atuações espontâneas e impulsivas, isso não é suficiente para legitimá-lo, uma vez que "lo decisivo no es la existencia de reglas sino el contenido material, esto es, axiológico, de dichas reglas, y si las mismas se opusieran a algún valor fundamental, entonces no cabría reconocerles ninguma legitimidad." (Martín, 2005, p. 33).

Ademais, como recorda Zaffaroni (2007, p. 164), a formulação teórica de Jakobs cancela o próprio princípio de Estado de direito, na medida em que pressupõe o poder em mãos de um soberano que individualiza *inimigos* por decisão política e contra quem não se pode oferecer resistência. Ou seja, "a prevalência de uma pretensa razão instrumental [...] leva à *razão de Estado* e à consequente negação do Estado de direito".

Infere-se disso que o Direito Penal do inimigo já nasce deslegitimado, pois a dignidade humana é um dado ontológico do ser humano, não é produto de uma construção normativa, mas faz parte da sua essência, de forma que "el Derecho penal democrátrico y del Estado de Derecho há de tratar a todo hombre como persona responsable, y no puede ser lícito ningún ordenamiento que establezca reglas y procedimientos de negación objetiva de la dignidad del ser humano en ningún caso." (Martín, 2005, p. 42).

Ademais, como salienta Aponte (2004), antes de se castigar de forma mais rigorosa aqueles que não oferecem garantias ou certezas cognitivas, deve-se verificar se o Estado encontra-se em condições de oferecer – verdadeiramente e a todas as pessoas – oportunidade de socialização em função do Direito. Deve-se constatar se o Estado propicia o respeito ao Direito ou se, ao contrário, é ele mesmo e suas instituições os primeiros a desrespeitarem-no, pois "un Estado que no propicia la socialización en el derecho, no está muy legitimado para exigir el respeto al orden jurídico y castigar tan duramente a quien no lo hace." (Aponte, 2004, p. 29).

Em relação a isso, refere o predito autor (2004, p. 29) que é possível reconstruir a formulação de Jakobs em um sentido crítico, qual seja: "para que se sancione a un ciudadano, éste debe ser primero socializado por el Estado, como persona; lo más perverso de una actuación estatal, es cuando se *integra* en el derecho a quien de manera tradicional há sido un olvidado, a través de la sanción penal". Lembra Martín (2005, p. 3-4) que

> la experiencia histórica demuestra con demasiada y clara contundencia como los regímenes políticos totalitarios (generalmente criminales) etiquetan y estigmatizan precisamente como "enemigos" a los disidentes y a los discrepantes, y cómo aquéllos dictan leyes nominalmente penales que, sin contenido alguno de justicia,

establecen más bien dispositivos y mecanismos de "guerra" contra los etiquetados como enemigos.

Com efeito, o discurso jurídico-penal elaborado a partir do marco teórico sob análise não se compromete com a afirmação da dignidade humana, mas somente com a proteção da norma e com a estabilidade social, concepção esta que, segundo Zaffaroni (2001, p. 87), "representa uma grave decadência do pensamento, já que se desembaraça da verdade para substituí-la pelo funcional, através do qual [...] *a verdade se converte numa questão de funcionalidade*".

Quer dizer, busca-se a manutenção da ordem sem questionar-se sobre a estrutura desta "ordem", descrevendo-se o sistema de maneira asséptica e descomprometida, operando-se, para tanto, "com um conceito de 'direito' privado de qualquer referência ética e antropológica (que mal pode ser chamado de direito)." (Zaffaroni, 2001, p. 88).

Legitima-se, pois, com base no discurso de Jakobs, tudo aquilo que de alguma forma seja funcional para a manutenção do sistema social formado, independentemente das características por ele apresentadas. Nesse sentido, qualquer ordem social, por mais injusta e/ou autoritária que seja, pode legitimar-se, desde que o conjunto normativo assim o preveja.

Ademais, o discurso elaborado no bojo da teorização do Direito Penal do inimigo conduz à configuração de um modelo de Direito Penal do autor, em que não está em jogo a proteção de bens jurídicos, mas sim a persecução de determinadas pessoas em função da sua condição pessoal, de sua "maldade" intrínseca. E isto configura um retrocesso inadmissível.

### 1.6. O paradigma da segurança cidadã e a retomada do repressivismo

Paralelamente às preocupações político-criminais com a megacriminalidade característica da sociedade de risco, o fato de o fenômeno expansivo do Direito Penal nesse setor coincidir com o processo de desmantelamento do Estado Social redunda, conforme já acenado no capítulo 2, no ressurgimento, sob influência dos movimentos de Lei e Ordem, do repressivismo e do punitivismo como formas por excelência de se combater a criminalidade dita "tradicional". Com efeito, o sentimento geral de insegurança característico das sociedades contemporâneas faz com que o "medo" de tornar-se vítima de um delito "clássico" – crimes contra a vida, contra a integridade física, contra o patrimônio – aumente consideravelmente.

Como destaca Zaffaroni (2007), embora os "novos inimigos" da sociedade de risco sejam perigosos, não se pode, por meio do Direito Penal para eles especialmente criado, legitimar a repressão sobre os pequenos delinquentes comuns, quais sejam, os *dissidentes internos* ou os *indesejáveis* em uma determinada ordem social. Com isso, pretende-se justificar um controle maior sobre toda a população tendo por escopo prevenir a infiltração dos *terroristas*, reforçando-se, assim, o controle exercido principalmente sobre a clientela tradicional do sistema punitivo.

Assim, a par do Direito Penal criado para a prevenção dos "novos riscos" da sociedade contemporânea, desenvolve-se um crescente interesse por aspectos microssecuritários como as inseguranças relacionadas à "pequena delinquência", que passa a fazer parte do catálogo dos medos dos cidadãos, em função da sua proximidade para com eles. E considerando-se que o risco e o medo do delito, uma vez surgidos, tendem a proliferar – por meio, principalmente, da influência da mídia de massa –, "de modo retroalimentativo, se generan nuevas demandas securitarias, el anhelo de un mundo 'normativamente acolchado', donde los productos normativos se construyen en la lógica de la seguridad, aun a costa de otros valores políticos fundamentales, como la libertad." (Cepeda, 2007, p. 49-50).

Com efeito, paralelamente às normas jurídico-penais que cumprem tão somente com funções simbólicas, há a introdução de novas leis penais aos ordenamentos jurídicos no intuito de promover, efetivamente, a sua aplicação com toda a firmeza, bem como pelo endurecimento das penas cominadas às normas já existentes (Meliá, 2005a). A tendência do legislador, aqui, é "reagir com 'firmeza' dentro de uma gama de setores a serem regulados, no marco da 'luta' contra a criminalidade" (Meliá, 2005a, p. 62), chegando-se, em alguns casos, a medidas repressivas tão drásticas que se configuram em mecanismos de *inocuização* do indivíduo delinquente.

Surge, assim, o paradigma da "segurança cidadã", que parte do pressuposto de que a criminalidade dos socialmente excluídos constitui a "dimensão não tecnológica da sociedade de risco", a justificar, por exemplo, a antecipação da tutela penal tanto pela necessidade de responder com estruturas de perigo às novas formas de criminalidade como pela urgência de atuar contra a desintegração social e a delinquência de rua originada pelos socialmente marginalizados (Díez Ripollés, 2007).[36]

O modelo da segurança cidadã "vampiriza" – na expressão de Díez Ripollés (2007) – o debate penal surgido no bojo da sociedade de risco. Para o referido autor (2007, p. 149),

> las vías de acceso del discurso de la seguridad ciudadana al discurso de la sociedad del riesgo vienen constituidas en su mayor parte por una serie de equiparaciones concepctuales que, basándose en la equivocidad de ciertos términos, tratan como realidades idénticas unas que presentan caracteres muy distintos e incluso contrapuestos. En resumidas cuentas, se da lugar a que el discurso de ley y orden parasite conceptos elaborados en otro cotexto.

Ou seja, "se establece una ecuación de igualdad entre el sentimiento de inseguridad ante los nuevos riesgos masivos que desencadena el progreso tecnológico, y el *sentimiento de inseguridad callejera* ligado al miedo a sufrir un delito en el desempeño de las actividades cotidianas." (Díez Ripollés, 2007, p. 149-150). No entanto,

> equiparar los riesgos derivados del uso de las nuevas tecnologías con aquellos asentados en la vida cotidiana como consecuencia de la creciente presencia de bolsas de desempleo y marginación social supone aludir a dos fuentes de riesgo radicalmente distintas en su origen, agentes sociales que las activan, naturaleza objetiva y subjetiva de los comportamientos, y consecuencias nocivas producidas. Su vinculación, más allá de que pueden ambas dar lugar a condutas delictivas, se

---

[36] Garland (2005, p. 317) refere que "en el discurso político y en las políticas gubernamentales se ve nuevamente a los pobres como indignos, como no merecedores de ayuda y se los trata em consecuencia. Atribuyen su pobreza a su supuesta falta de esfuerzo, sus decisiones irresponsables, su cultura distintiva y sus comportamientos elegidos. En el crecientemente próspero mundo de los años noventa – y desde entonces –, fácilmente se visualiza a esta parte de la población persistentemente pobre como 'diferente' y no meramente 'desfavorecida'. Como a los delincuentes persistentes o 'delincuentes de carrera', se los considera – convenientemente – como portadores de una cultura extraña, como una clase aparte, un resíduo desechado por los procesos de alta tecnologia y ritmo acelerado de la economía globalizada y la sociedad de la información".

sustenta únicamente en la amplitud semántica del término riesgo, pero no parece estar en condiciones de rendir frutos analíticos. (Díez Ripollés, 2007, p. 151-152).

Buscando suporte na análise de David Garland (2005) sobre o surgimento de uma "cultura do controle", Díez Ripollés (2007) sustenta que o paradigma da segurança cidadã se estabelece com base em algumas modificações nas crenças e formas de vida da sociedade contemporânea, que afetam diretamente a política criminal. Estas ideias motoras do novo modelo de intervenção penal que se configura são: a) protagonismo da delinquência clássica; b) prevalência do sentimento coletivo de insegurança cidadã; c) substantivização dos interesses das vítimas; d) populismo e politização do Direito Penal; e) revalorização do componente aflitivo da pena; f) redescoberta da pena privativa de liberdade; g) ausência de receio em face do poder punitivo estatal; h) implicação da sociedade na luta contra a delinquência; i) transformações no pensamento criminológico.

Uma breve análise de cada uma dessas ideias motoras da nova *doxa* punitiva permite uma melhor compreensão da forma como ela se estrutura:

a) O protagonismo da delinquência clássica

Como primeira característica do Direito Penal assentado sobre o paradigma da segurança cidadã, tem-se o retorno da proeminência que é dada, no bojo do discurso jurídico-penal, à criminalidade tradicional, ou seja, aos delitos contra bens individuais como a propriedade, a vida, a integridade física, etc., o que representa um movimento de *retorno*, visto que a tendência das últimas décadas do século XX era uma preocupação majoritária com a persecução aos crimes levados a cabo pelos "poderosos", razão pela qual houve, em todo mundo, a produção de grande número de leis penais colimando a punição de tais crimes.

O retorno dos delitos tradicionais ao centro do cenário político-criminal deve-se, segundo Díez Ripollés (2007), à resignação da opinião pública, alguns anos mais tarde à promulgação das leis penais que colimavam a criminalização dos colarinhos brancos, diante da constatação do quão difícil mostra-se a operatividade prática de tais dispositivos.

Três fatores principais podem ser apontados como causas dessa desilusão: o primeiro decorre da impressão popular de que os poderosos, por meio de assessoramentos técnicos somente acessíveis a quem tem recursos econômicos ou grande respaldo político, são capazes de explorar abusivamente as garantias do Direito Penal e Processual Penal, logrando, assim, furtar-se tanto à persecução penal em si quanto à condenação e ao cumprimento das penas que eventualmente lhes são impostas; o segundo decorre do processo de judicialização da política, mais especificamente do aproveitamento sectário da persecução penal por parte dos agentes políticos, o que relega a segundo plano a verificação da realidade e gravidade das condutas delituosas levadas a cabo pelos colarinhos brancos, as quais acabam sepultadas sob as infindáveis acusações recíprocas de condutas semelhantes; por fim, tem-se a postura contemporizadora da doutrina penal em relação aos obstáculos que surgem na persecução da criminalidade de colarinho branco, o que redunda num rebaixamento significativo na intensidade de persecução a essa criminalidade (Díez Ripollés, 2007).

Todos esses fatores, aliados às equiparações conceituais equivocadas suprarreferidas, servem para resgatar no imaginário coletivo o medo relacionado à criminalidade clássica, o que resulta, por meio das pressões populares nesse sentido, no exacerbamento punitivo voltado à criminalidade "tradicional", levada a cabo preferencialmente por membros dos grupos socialmente excluídos, em relação aos quais o medo do Direito Penal se transforma em instrumento de gestão social.

b) A prevalência do sentimento coletivo de insegurança cidadã

A segunda característica da política-criminal que se estrutura a partir do paradigma da segurança cidadã diz respeito ao já referido aumento incomensurável do "medo" e da "insegurança" da sociedade em relação à criminalidade, sempre apresentada como ascendente pelos meios de comunicação de massa e pelos discursos políticos mesmo quando tal informação é estatisticamente contrariada.

Esse sentimento, segundo Díez Ripollés (2007), pode ser atribuído a dois fatores principais: o primeiro, relacionado à própria sensação de que não há uma prevenção eficaz à delinquência, o que decorre da confiança cada vez mais escassa da população na capacidade dos poderes públicos em afrontar o problema da cada vez mais assustadora criminalidade; o segundo decorre do desaparecimento da atitude de compreensão em face da criminalidade tradicional. Isso significa que não mais se considera o pequeno delinquente como um ser socialmente desfavorecido e marginalizado ao qual a sociedade estava obrigada a prestar ajuda. Pelo contrário, também sob efeito de equiparações conceituais equivocadas, os delinquentes tradicionais, independentemente da gravidade ou frequência de seu comportamento delitivo, são agora percebidos socialmente como *inimigos internos*, ou seja, como seres que perseguem sem escrúpulos e em pleno uso de seu livre arbítrio, interesses egoístas e imorais, à custa dos interesses legítimos da coletividade. Daí terem se tornado "moda" qualificações como "predador sexual", "criminoso incorrigível", "assassino em série", "jovem desalmado", etc., as quais refletem o atual *status* social desumanizado do delinquente.

Diante desse panorama, grande parte das intervenções punitivas da contemporaneidade, antes de buscar responder ao problema da criminalidade em si, presta-se precipuamente a diminuir as inquietações populares diante da insegurança.

c) A substantivização dos interesses das vítimas

Uma terceira característica da política criminal assentada no paradigma da segurança cidadã reside na substantivização dos interesses das vítimas, outrora subsumidos na noção de interesse público.

O princípio da "neutralização da vítima", segundo o qual o papel a ser desempenhado pela vítima no processo penal deve ser limitado de forma a não condicionar o interesse público que subjaz à intervenção punitiva, vem sendo paulatinamente relativizado. Em parte, pelas pressões exercidas pelas ONGs e associações que Silva Sánchez (1999) denomina de "gestoras atípicas da moral", conforme salientado no capítulo 1; em parte, porque se descobriu a "importância política" das vítimas, dado que uma população com "medo" do crime identifica-se antes com a figura das vítimas que com a figura dos delinquentes, razão pela qual, utilizando-se das vítimas como instrumentos de comunicação política, atende-se – de forma politicamente rentável, é claro – aos anseios da população.[37]

---

[37] Na análise de Garland (2005, p. 241), "si las víctimas fueron alguna vez el resultado olvidado y ocultado del delito, ahora han vuelto para vengarse, exhibidas públicamente por políticos y operadores de los medios masivos de comunicación

Nesse sentido, Garland (2005) refere a tendência cada vez maior dos partidos políticos na "instrumentalização" das vítimas para anunciar e promulgar leis penais, as quais assumem, não raras vezes, o nome dessas vítimas.[38] Com isso,

> la figura simbólica de la víctima ha cobrado vida propia y cumple un papel en los debates políticos y en los argumentos sobre políticas públicas que a menudo se aleja de lo que reclama el movimiento organizado de las víctimas o de las opiniones manifestadas por las víctimas encuestadas. Éste es un hecho social nuevo y significativo. La víctima ya no es un ciudadano desafortunado que soporta los efectos de un acto delictivo dañino y cuyas preocupaciones están subsumidas en el "interés público" que guía las decisiones de perseguir y sancionar penalmente del Estado. Actualmente la víctima, en cierto sentido, es un personaje mucho más representativo, cuya experiencia se considera como común y colectiva, en lugar de individual y atípica. Quien hable en nombre de las víctimas habla en nombre de todos nosotros, o por lo menos así lo sostiene el nuevo decálogo político de las sociedades con altas tasas de delito. Las imágenes publicitadas de víctimas reales sirven como la metonimia personalizada, propia de la vida real – podría ser usted! –, de un problema de seguridad que se ha convertido en un rasgo definitorio de la cultura contemporánea. (Garland, 2005, p. 46-47).

Nesse contexto, Díez Ripollés (2007) destaca que a relação entre vítimas e delinquentes representa um jogo de soma zero, pois qualquer expectativa dos segundos, por exemplo, em relação a garantias processuais ou benefícios penitenciários, é compreendida como uma perda para as primeiras, que as veem como agravos ou formas de elidir as consequências da condenação. Por outro lado,

---

que explotam permanentemente la experiencia de la víctima en función de sus proprios intereses. La figura santificada de la víctima que sufre se há convertido en un producto apreciado en los circuitos de intercambio político y mediático y se colocan individuos reales frente a las cámaras y se los invita a jugar ese papel, muchas veces conviertiéndose, durante el proceso, en celebridades mediáticas o activistas de movimientos de víctimas".

[38] No cenário brasileiro, o exemplo mais recente e expressivo desta característica é a Lei Maria da Penha (Lei n. 11.340/06), que instituiu tratamento mais severo para os acusados de "violência doméstica", tendo sido assim nomeada em homenagem a uma vítima deste tipo de violência, que, agredida pelo marido por anos a fio, acabou ficando paraplégica. Na análise de Garland (2005, p. 241), "los nombres dados a las leyes y medidas penales [...] intentan honrarlas de este modo, aunque indudablemente exista en esto una forma de explotación, ya que el nombre del individuo se utiliza para neutralizar las objeciones a medidas que por lo general no son más que leyes que expresan el deseo de venganza que se aprueban para ser exhibidas públicamente y obtener ventajas políticas".

todo avanço na melhora da atenção às vítimas do delito representa em um agravamento das condições existenciais dos delinquentes.[39]

Isso resulta, na ótica do sobredito autor (2007, p. 77-78), em uma inversão de papéis:

> es ahora la víctima la que subsume, dentro de sus propios intereses, los intereses de la sociedad; son sus sentimientos, sus experiencias traumáticas, sus exigencias particulares los que asumen la representación de los intereses públicos; éstos deben particularizarse, individualizarse, en demandas concretas de víctimas, afectados o simpatizantes.

A reintrodução da vítima no bojo do discurso jurídico-penal representa um grave retrocesso, dado que os interesses das vítimas, vingativos por excelência, são instrumentalizados para encabeçar campanhas de Lei e Ordem em detrimento das garantias penais e processuais do Direito Penal liberal.

d) Populismo e politização do Direito Penal

Sob a influência cada vez maior da população e dos meios de comunicação de massa, o Direito Penal tem passado, como se procurou assinalar no capítulo 4, por um processo de politização populista. Com efeito, na contemporaneidade, toda e qualquer decisão atinente ao controle da criminalidade é rodeada de um discurso politizado e altamente publicizado. Eventuais erros transformam-se em escândalos que podem comprometer a própria manutenção do poder político nas mãos daqueles que são por eles responsabilizados.

Cada vez mais a experiência cotidiana do povo e a sua percepção direta da realidade e dos conflitos sociais passam a ser considerados fatores de primeira importância na hora de configurar leis penais e na aplicação dessas leis, em detrimento dos conhecimentos e opiniões dos expertos, que passam a ser desacreditados porque considerados, em sua maioria, desresponsabilizantes (Díez Ripollés, 2007).

Como assevera Garland (2005, p. 49),

---

[39] Sobre o tema, Garland (2005, p. 241) assevera que o "el juego de suma cero que existe entre unos y otros asegura que cualquier demostración de compasión hacia los delincuentes, cualquier mención de sus derechos, cualquier esfuerzo por humanizar su castigo, puede ser fácilmente considerado un insulto a las víctimas y sus familias".

> existe actualmente una corriente claramente populista en la política penal que denigra a las élites de expertos y profesionales y defiende la autoridad "de la gente", del sentido común, de "volver a lo básico". La voz dominante de la política criminal ya no es la del experto, o siquiera la del operador, sino la de la gente sufrida y mal atendida, especialmente la voz de "la víctima" y de los temerosos y ansiosos miembros del público. Hace unas quantas décadas, la opinión pública funcionaba como un ocasional freno de las iniciativas políticas; ahora opera como su fonte privilegiada. Se degrada la importancia de la investigación y el conocimiento criminológicos y en su lugar existe una nueva deferencia hacia la voz de la "experiencia", del "sentido común", de "lo que todos saben".

Para que estas demandas populares se transformem em medidas concretas, é preciso que os agentes institucionais diretamente vinculados à criação do Direito lhes outorguem um acesso privilegiado. É nesse sentido que labutam na contemporaneidade todas as forças políticas dos mais diversos espectros ideológicos. E uma das vias privilegiadas para que essas demandas tenham êxito é a aceleração do tempo legiferante e a irrelevância, quando não a eliminação, no processo de elaboração das leis, do debate parlamentar e governamental mediado por especialistas. Com isso, as forças políticas conseguem estabelecer uma relação imediata entre as demandas populares e a configuração do Direito Penal, obtendo, assim, reflexamente, crédito político (Díez Ripollés, 2007).

Esse processo contribui para um profundo empobrecimento do debate político-criminal, visto que, no afã de atender aos reclamos populares, os partidos políticos limitam-se a competir entre si no sentido de demonstrar quais deles são mais ferrenhos – e, consequentemente, dentro desta lógica, *eficazes* – no combate à delinquência. Esse debate – destaca Zaffaroni (2007) – apresenta uma frontalidade grosseira, dado que sua pobreza criativa é formidável, visto que não se sustenta em racionalizações discursivas. A pobreza de tal debate é tão intensa que não suporta sequer um "academicismo rasteiro". Em síntese, ele se reduz a "mera publicidade", como se procurou demonstrar no capítulo 3, que visa à obtenção de dividendos políticos de curto prazo.

e) A revalorização do componente aflitivo da pena

Outra importante característica da política criminal balizada no paradigma da segurança cidadã é a revalorização do componente aflitivo da pena, rechaçado, durante a maior parte do século XX, porque considerado anacrônico em um sistema penal moderno. Como assevera Garland (2005, p. 43), "durante la mayor parte del siglo XX era virtualmente tabú la expresión abiertamente asumida de sentimientos vengativos, al menos por parte de los funcionarios del Estado".

No entanto, nos últimos anos, "los intentos explícitos de expresar la ira y el resentimineto públicos se han convertido en un tema recurrente de la retórica que acompaña la legislación y la toma de decisiones en materia penal." (Garland, 2005, p. 43). Cada vez mais são tomados como argumentos os sentimentos das vítimas e/ou seus familiares, bem como de uma população cada vez mais temerosa diante do fenômeno da criminalidade falsamente construído pelos meios de comunicação de massa, para apoiar a elaboração de novas e mais rígidas leis penais.

Esse fenômeno encontra-se diretamente relacionado ao processo de desumanização do delinquente *supra* assinalado. Com efeito,

> desde una visión marcadamente consensual de la sociedad, que minusvalora las diferencias de oportunidades entre sus miembros, la delincuencia se percibe como un premeditado y personalmente innecesario enfrentamiento del delincuente con la sociedad, que exige uma respuesta que preste la debida atención a la futilidad de las motivaciones que han conducido a ella. (Díez Ripollés, 2007, p. 84).

Nesse sentido, a pena deixa de levar em conta qualquer possibilidade de reabilitação/ressocialização do delinquente, o que conduz a uma revalorização do componente aflitivo da punição, ensejando "una serie de modificaciones sustanciales en el sistema de penas y su ejecución que, en buena parte, se inspira simplemente en el deseo de hacer más gravosas para el delincuente las consecuencias de la comisión de un delito" (Díez Ripollés, 2007, p. 85). Isso resta claro a partir do aumento do tempo de prisão cominado para determinados crimes, do endurecimento do regime penitenciário, do estabelecimento de condições mais estritas para a progressão de regime, da criação de regimes disciplinares diferenciados de cumprimento de pena, etc.

f) A redescoberta da pena privativa de liberdade

Como sexta característica da política criminal sustentada pelo paradigma da segurança cidadã tem-se a redescoberta da pena de prisão, outrora considerada uma instituição problemática que, embora necessária como último recurso, era contraproducente no que diz respeito aos objetivos correcionalistas. Essa compreensão levou os governos a investirem muito esforço na tarefa de criar alternativas ao encarceramento e sinalizá-las aos juízes penais para que fossem efetivamente aplicadas. Durante a maior parte do século XX parecia produzir-se uma mudança fundamental no sistema de penas, contra o encarceramento e em favor das penalidades monetárias, a *probation* e outras formas de penas supervisionadas pela comunidade (Garland, 2005).

Todavia, nas últimas décadas, verifica-se no mundo todo uma inversão dessa tendência, assistindo-se à redescoberta da prisão como pena por excelência, não no que diz respeito à sua capacidade socializadora ou reabilitadora, mas sim como meio de incapacitação (inocuização) e castigo que satisfaz a contento as demandas populares por retribuição e segurança pública (Garland, 2005). Nesse processo,

> una institución con una larga historia de expectativas utópicas e intentos periódicos de reiventarse – primero como penitenciaría, luego como reformatorio y, últimamente, como centro correccional – finalmente ha visto su ambición reducida drásticamente a la incapacitación y el castigo retributivo. (Garland, 2005, p. 51).

Assim, de uma instituição decadente e fadada ao ostracismo, a prisão transforma-se em um importante pilar da ordem social contemporânea, pois permite, como assinalado no capítulo 2, excluir do seio social aqueles indivíduos que se tornam disfuncionais, em prol daqueles que ocupam, nessa mesma sociedade, espaços privilegiados.[40] Assim como as penas pré-modernas de banimento e degredo, destaca Garland (2005), a prisão funciona na contempora-

---

[40] Garland (2005, p. 291) refere que "la prisión es utilizada actualmente como una especie de reserva, una zona de cuarentena, en la que se segrega a individuos supuestamente peligrosos en nombre de la seguridad pública". Em relação ao caso específico das prisões norte-americanas, o autor sustenta que "el limite que divide a la prisión de la comunidad está fuertemente vigilado y atentamente monitorizado para prevenir que los riesgos se desplacen de un lado al otro. Los delincuentes que son liberados 'en la comunidad' son sometidos a un control mucho más estrecho y frecuentemente son reingresados en espacios custodiales por no haber cumplido con las condiciones que continúan restringiendo su libertad. Para muchos de estos liberados condicionalmente o ex convictos, la 'comunidad' a la que regresan es, en realidad, un terreno estrictamente controlado, un espacio supervisado, en donde carecen de gran parte de la libertad que uno asocia con una 'vida normal'".

neidade como uma espécie de exílio, cujo uso não é informado por um ideal de reabilitação, mas sim por um ideal *eliminativo*.

Na ótica de Garland (2005), a prisão desempenha uma função essencial no funcionamento das sociedades neoliberais, pois é um instrumento civilizado e constitucional de segregação das populações problemáticas. A prisão pune e protege, condena e controla. Portanto, o encarceramento serve simultaneamente como uma satisfação expressiva (simbólica) de sentimentos retributivos e como mecanismo de administração de riscos, por meio da confinação do perigo representado pelos setores populacionais excluídos do mercado de trabalho e da previdência social.

g) A ausência de receio em face do poder punitivo estatal

A construção do Direito Penal moderno tem por base o equilíbrio entre a necessidade de proteção de determinados bens jurídicos imprescindíveis para a convivência humana e a preocupação constante com a não intromissão do poder público nos direitos e liberdades individuais do cidadão. Em virtude disso, os modelos de intervenção penal construídos com base nessa tensão sempre sofreram restrições em sua função de tutela dos interesses sociais em decorrência da desconfiança da cidadania acerca da capacidade dos poderes públicos de usarem moderadamente das amplas possibilidades de atuação que lhes são outorgadas pelos instrumentos de persecução delitiva e execução de penas (Díez Ripollés, 2007).

Este receio em face de eventuais abusos passíveis de serem cometidos pelo Estado no exercício do poder punitivo, entretanto, é paulatinamente relativizado no bojo do discurso jurídico-penal da segurança cidadã, em nome da eficiência que se exige por parte do sistema punitivo na persecução à criminalidade.[41]

Essa "disponibilidade" da cidadania não se refere somente à megacriminalidade, mas abarca a delinquência como um todo, em virtude do fato de que "los ciudadanos no delincuentes ya no temen a los poderes públicos en el ejercicio de sus funciones repre-

---

[41] Como salienta Díez Ripollés (2007, p. 91), "en el marco de sociedades democráticas, con un amplio elenco de libertades individuales legalmente reconocidas y efectivamente ejercidas, se está generalizando la idea de que hay que renunciar a las cautelas existentes encargadas de prevenir los abusos de los poderes públicos contra los derechos individuales, a cambio de uma mayor efectividad em la persecución del delito".

sivas, no se sienten directamente concernidos por los excesos que con este fin puedan llevar a cabo." (Díez Ripollés, 2007, p. 92).

A associação dessa ausência de receio em face do poder punitivo estatal com a cultura da emergência de que fala Cepeda – conforme destacado no capítulo 1 – conduz a um panorama no qual atitudes até pouco tempo inadmissíveis ganham espaço em nome de uma maior eficiência na segurança pública. Como exemplos dessas medidas tem-se a utilização de instrumentos de vigilância eletrônica em espaços públicos,[42] a simplificação dos procedimentos de adoção de medidas penais, a facilitação da prisão preventiva, etc. (Díez Ripollés, 2007).

Ademais, a ausência de receio em face do poder sancionatório estatal prestigia modos de operação do sistema punitivo altamente violadores dos direitos e liberdades individuais, como por exemplo: a) a conivência diante da rudeza policial desde que haja uma ação instantânea, o que redunda em atuações apressadas que incidem sobre objetivos equivocados; b) a transformação pelo legislador de qualquer problema social em delito; c) a flexibilização, pelo Judiciário, de garantias penais e processuais penais em atendimento às demandas populares por maior eficiência; d) a preocupação por parte dos agentes da execução penal no sentido de que o delinquente não seja tratado de maneira muito generosa no cumprimento da pena (Díez Ripollés, 2007).

h) A implicação da sociedade na luta contra a delinquência

O paradigma da segurança cidadã implica uma mudança de atitude por parte da sociedade em relação ao delinquente. Ao invés da ação voltada à gênese da criminalidade, a fim de evitar a atua-

---

[42] Segundo reportagem exibida no programa Fantástico, em 26 de julho de 2009, o Brasil tem hoje cerca de 1,3 milhões de câmeras de vigilância, segundo estimativa da associação das empresas do setor. No corpo da matéria, disponível em <http://fantastico.globo.com>, lê-se o seguinte trecho: "Quantas câmeras estão de olho em nossa vida? Para fazer essa conta, o Fantástico convidou a advogada Aline Carvalho, no Rio de Janeiro. Da entrada do prédio em que trabalha até a porta do escritório, ela passa por sete câmeras. De tarde, Aline vai à academia de ginástica. São mais três câmeras. Num pulo no *shopping center*, flagramos pelo menos outras quatro – mas olha que *shopping* tem centenas delas. Aline para no posto de gasolina antes de voltar para casa – duas câmeras. Enfim, ao entrar em casa, mais sete câmeras. Entre idas e volta, num dia normal Aline passa diante de, pelo menos, 25 câmeras. Isso sem contar as câmeras que monitoram o trânsito".

ção do sistema punitivo por meio do apoio social ao criminoso ou à pessoa em vias de incidir em um delito por meio do reforço dos vínculos sociais destas pessoas, passa-se a uma ação voltada à colaboração com o sistema punitivo, com a finalidade de identificação e persecução aos delinquentes. Busca-se fazer com que a comunidade, "mediante una estrecha colaboración con la policía, aprenda y acepte poner en práctica por sí misma técnicas y habilidades que permitan sustituir o incrementar la eficacia de las intervenciones policiales para prevenir o peseguir el delito." (Díez Ripollés, 2007, p. 94).

Isso redunda numa mudança de atitude da comunidade em relação ao delinquente: antes de buscar a sua inclusão social, busca-se a sua exclusão do tecido societal.

i) As transformações no pensamento criminológico

Para a consolidação do paradigma da segurança cidadã, torna-se imprescindível uma transformação no pensamento criminológico, de forma a afastar os argumentos outrora propalados pelas teorias psicológicas/sociológicas do delito, a exemplo das teorias da anomia, da subcultura e do etiquetamento desenvolvidas entre as décadas de 60 e 80 do século passado, que, mescladas ou não, partiam de um argumento explicativo central: o da privação social, ou seja, o de que os indivíduos enveredavam pelo caminho da delinquência em virtude do fato de terem sido privados de uma educação adequada, de uma socialização familiar, de oportunidades laborais ou, ainda, de um tratamento adequado de sua disposição psicológica anormal. A atitude esperada por parte dos poderes públicos, diante das causas indicadas para o fenômeno da criminalidade, consistia no tratamento correcional individualizado, aliado ao apoio e supervisão das famílias dos delinquentes e em medidas de reforma social que melhorassem o seu bem-estar, por meio da educação e da criação de empregos (Garland, 2005).

Em oposição, o atual pensamento criminológico majoritário – que começou a tomar proeminência a partir da década de 90 do século passado – é norteado pela ideia de que não são a marginalização ou a exclusão sociais as causas da delinquência, mas que esta é fruto de um defeito, qual seja, da insuficiência de *controle* social, de forma que, para enfrentá-la, torna-se imprescindível incrementar este controle. Como assevera Garland (2005, p. 52),

> las teorías que ahora moldean el pensamiento y la acción oficial son *teorías del control*, de diversas clases, que consideran el delito como un problema, no de privación, sino de control inadecuado. Controles sociales, controles situacionales, autocontroles: éstos son ahora los temas dominantes de la criminologia contemporánea y de las políticas de control del delito a las que han dado origen.

Verifica-se que, ao contrário das teorias criminológicas que viam no delito um processo de socialização insuficiente e que portanto reclamavam do Estado a ajuda necessária para aqueles que haviam sido privados de provisões econômicas, sociais e psicológicas necessárias para uma conduta social respeitosa à lei, as teorias do controle partem de uma visão pessimista da condição humana, ao suporem que os indivíduos são atraídos por condutas egoístas, antissociais ou delitivas a menos que sejam inibidos por controles sólidos e efetivos (Garland, 2005).

Assim, "mientras la antigua criminología exigía mayores esfuerzos en las partidas presupuestarias a la ayuda y el bienestar social, la nueva insiste en ajustar los controles y reforzar la disciplina." (Garland, 2005, p. 53). Isso porque se parte da compreensão de que os delinquentes são atores racionais que respondem a desincentivos e são plenamente responsáveis por seus atos delitivos. Nessa lógica, os delinquentes apenas "aproveitam" as oportunidades que lhes são apresentadas para a prática delitiva, razão pela qual as soluções que se apresentam para essas "tentações" transitam por duas vias principais: a) pelo reforço dos efeitos intimidatórios e reafirmadores da vigência das normas, próprios de penas suficientemente graves, a fim de que os delinquentes possam, por meio de um processo racional, incorporar esses "custos" em seus cálculos, desistindo, assim, da prática delitiva; b) pelo desenvolvimento de políticas de prevenção situacional que deslocam a atenção do delinquente do delito, buscando reduzir as oportunidades delitivas e as tornar menos atrativas pela incorporação de medidas de segurança de todo tipo (Díez Ripollés, 2007).

Sintetizando os argumentos centrais do novo pensamento criminológico, Garland (2005, p. 53) sustenta que

> un rasgo importante de este enfoque es que impulsa que la acción publica desplace su focalización en el delito y el individuo delincuente hacia *el evento delictivo*. El nuevo foco de atención es la existencia de oportunidades delictivas y de "situaciones criminógenas". El supuesto es que las acciones delictivas se darán habitualmente si no existen controles y hay blancos atractivos disponibles, tengan o no los individuos una "disposición delincuente" (que, en el caso de que exista es, de

todos modos, difícil de cambiar). Se debe centrar la atención no en los individuos sino en los hábitos de la interacción, el diseño espacial y la estructura de controles e incentivos que está presente en los mismos. La nueva orientación política intenta concentrarse en sustituir la cura por la prevención, reducir la disponibilidad de oportunidades, incrementar los controles situacionales y sociales y modificar las rutinas cotidianas. El bienestar de los grupos sociales desfavorecidos o las necesidades de los individuos inadaptados son mucho menos medulares para este modo de pensar.

Demonstra-se, assim, que o novo pensamento criminológico bem traduz a lógica de substituição das instituições de assistência típica de um modelo de Estado de Bem-Estar Social por instituições penais, conforme o descrito no capítulo 2, o que transforma o sistema penal em um instrumento de criminalização dos estratos mais pobres da sociedade, os quais, pela sua condição socioeconômica e pelo tipo de criminalidade cometida, colocam em risco, aos olhos da classe detentora do poder econômico, a paz e a ordem social. O objetivo da hipertrofia do "controle" da criminalidade por meio da utilização do Direito Penal, nesse contexto, é justamente garantir a segurança daqueles que participam ativamente da sociedade de consumo, de forma a livrá-los da presença indesejável da pobreza que incomoda por ser inconveniente aos desígnios do capital e que, por isso, precisa ser constantemente vigiada, controlada e, sempre que possível, punida.

A partir das principais características do paradigma da segurança cidadã acima apontadas, torna-se possível afirmar que, no centro do debate sobre a persecução à criminalidade no bojo desse discurso jurídico-penal, encontra-se uma racionalidade pragmática que prima pela eficácia e efetividade da intervenção penal, olvidando-se de toda e qualquer consideração etiológica sobre a criminalidade. Por essa razão, o modelo de Direito Penal que se estrutura a partir de tais premissas encontra-se "asentado sobre un proyecto político de *consolidación de las desigualdades sociales* y de *fomento de la exclusión social* de ciertos colectivos ciudadanos." (Díez Ripollés, 2007, p. 189).

Em um contexto tal, "a política criminal é inflada, ocupando os espaços normalmente destinados às outras políticas disciplinares de controle social. Há uma substituição das políticas disciplinares inclusivas e integradoras por práticas de exclusão e segregação baseadas quase unicamente nas medidas penais." (Dornelles, 2008, p. 42). Surge, assim, uma espécie de "fundamentalismo penal criminalizador dos conflitos sociais, que substitui a mediação política nas relações sociais por um direito penal de emergência, com caráter contra-insurgente." (Dornelles, 2008, p. 46). Questões sociais são transformadas em "questões de polícia" e, em nome da celeridade da resposta aos conflitos sociais, passa-se a renunciar às garantias legais processuais ínsitas ao Direito Penal liberal e presentes na maioria das Constituições modernas e nos Tratados Internacionais de Direitos Humanos.

Esse modelo de Direito Penal só é possível a partir do desaparecimento de atitudes tolerantes em relação às condutas delitivas ou simplesmente não convencionais inerentes a toda sociedade aberta e pluralista, abrindo, reflexamente, espaço para uma intervenção estatal altamente autoritária. Como destaca Cepeda (2007, p. 430), trata-se de um programa que "amplía el arbitrio para decidir si procede una intervención y cómo realizarla, ofreciendo un modelo reaccionario desligado de los principios y garantías del Derecho penal, con el fin de conseguir mayor flexibilidad y supuesta eficacia".

Características desse modelo de intervenção punitiva, portanto, são: a) a não observância da proporcionalidade entre infração e reação, assim como a violação à segurança jurídica, visto que é impossível determinar os pressupostos e consequências da reação estatal em face do delito; b) a criação de visões estereotipadas de certos estratos sociais e a consequente criminalização destes grupos (Cepeda, 2007).

Com efeito, o modelo de Direito Penal assentado no paradigma da segurança cidadã é um modelo classista que,

> de un modo insostenible ideológicamente dentro de las sociedades socialdemócratas actuales, establece muy significativas diferencias entre las intervenciones sociales a praticar sobre las conductas lesivas de los sectores socialmente poderosos, y aquellas que deben ejercerse sobre comportamientos nocivos de las clases baja y marginal. A tal fin, lleva a cabo un prejuicioso análisis de la lesividad de los comportamientos a considerar, en virtud del cual convierte la criminalidad común en un factor desestabilizador del orden político y social de primer orden, haciéndola, consecuentemente, el objeto central de la intervención penal. (Díez Ripollés, 2007, p. 190).

Se, dentro da lógica neoliberal, os pobres têm utilidade zero – como destacado no capítulo 2 – deve-se ter, em relação a eles, "tolerância zero", lembra Cepeda (2007).[43] Olvidando-se do fato de que "el desacierto de la política estructural nunca puede ser compensado a través del Derecho penal" (Albrecht, 2000, p. 487), e relegando, consequentemente, a segundo plano as origens sociais da criminalidade, o modelo de Direito Penal que se implementa a partir do paradigma da segurança cidadã abandona qualquer tentativa de buscar a integração social dos delinquentes, preconizando precipuamente pela sua eliminação do tecido societal.

Portanto, a partir dessa redefinição de prioridades pautada na ideia de segurança, impõe-se um modelo de controle pautado na exclusão/inocuização de uma parte da população que não tem nenhuma função dentro do atual modelo econômico, o que constitui uma revalorização da ideia de fragmentação ou separação como fundamento da ordem. Os destinatários desse controle são os "outros", os inimigos da sociedade, os novos *homo sacer* do século XXI. Nesse contexto, o controle social se despoja das "amarras" do Estado de Bem-Estar, e aparece desnudo em seu sentido mais direto e cruel: renuncia-se expressamente qualquer intenção de integração dos espaços marginais e se propõe um controle voltado a redistribuir os riscos inerentes a esses espaços até torná-los "toleráveis" (Cepeda, 2007).

Como destaca Brandariz García (2004, p. 51),

> de la misma forma en que se constata la irreductible existencia del riesgo y la imposibilidad de garantizar por los medios clásicos la seguridad, el sistema penal del Estado contemporáneo funciona asumiendo la ineludible existencia de relevantes y sostenidos niveles de exclusión social, a los que se enfrenta con una intención de gestión, y ya no de superación mediante el ideal reintegrador.

Por fim, a concentração dos esforços político-criminais em uma abordagem estrita das manifestações delitivas, descuidada das suas causas sociais e políticas, "pone de forma poco realista las esperanzas en los efectos del aislamiento social de colectivos cada vez más amplios", bem como nos "efectos comunicativos de una política de ley y orden que, tarde o temprano, mostrará sus ende-

---

[43] "Recordemos aquello de que: 'hay que limpiar las calles'. Bajo ese lema se hostiga y persigue a quienes viven en las calles: a los jóvenes, a los mendigos, a las prostitutas, a los inmigrantes... Se les somete a controles rutinarios de identidad, a cacheos, al registro de papeles y objetos personales, se verifican redadas periódicas en sus lugares de encuentro, se les conduce a la comisaría, se les detiene atribuyéndoles desobediencia a las ordenes de la policía...." (Cepeda, 2007, p. 430).

bles capacidades para la erradicación de las raíces de la delincuencia." (Díez Ripollés, 2007, p. 192).

Em síntese, tais atitudes refletem posturas repressivistas/punitivistas que concebem como principal causa da criminalidade clássica/tradicional na sociedade contemporânea o afrouxamento na repressão e a impunidade de grande parte dos envolvidos com esses crimes. Neste sentido, propõem um maior endurecimento nas penas, a supressão de garantias e a busca pela superação da impunidade como estratégia primeira de segurança pública. Exsurgem daí a falsidade e a perversidade deste discurso, uma vez que o aumento do número de condutas definidas como criminosas, assim como o maior rigor na aplicação da pena, significam tão somente mais pessoas presas, e não necessariamente menos conflitos sociais, ratificando, assim, o projeto neoliberal de separação, exclusão e inocuização daqueles estratos sociais que se tornam "descartáveis" para a nova estrutura econômica.

Trazendo este debate para a realidade brasileira, verifica-se que em *terrae brasilis* todas as características do fenômeno expansivo do Direito Penal até então analisadas encontram-se presentes na legislação e no debate político-criminal, sendo justificadas pela necessidade de uma persecução mais *eficiente* à "nova" criminalidade, cumprindo, assim, com a função de aplacar a síndrome do medo que acomete a população, ou seja, cumprindo apenas com um papel simbólico. Isso porque não se verifica no Brasil, sequer, o fenômeno do crime organizado tal qual o que dá azo às modificações legislativas analisadas. Ademais, o sistema punitivo brasileiro, em face das inúmeras possibilidades de intervenção previstas, esbarra na sua própria falta de estrutura operacional (quadro deficitário de pessoal na polícia e no Judiciário, falta de espaço nas prisões, recursos tecnológicos defasados/obsoletos) para colocá-las em prática. Portanto, as medidas buscadas em nome da "eficiência" do combate às novas formas assumidas pela criminalidade na verdade somente possuem uma "aparência de eficiência", com escopo de tranquilização social.

É justamente em função desse caráter simbólico que essas leis de "emergência" são recepcionadas pela maioria da população e da comunidade jurídica nacional como "avanços legislativos", uma vez que respaldadas por discursos político-midiáticos falaciosos que criam imagens distorcidas da realidade, ao utilizar o crime como "mercadoria" e "arma política".

Como consequência nefasta dessa utilização simbólica do Direito Penal, apresenta-se a retomada do punitivismo, no bojo do paradigma da segurança cidadã, que se serve de forma "parasitária" do debate sobre a sociedade de risco e das propostas de "modernização" do Direito Penal para justificar, por meio da utilização de equiparações conceituais equivocadas, o exacerbamento punitivo em nível normativo, com mais rigor nas penas e a quebra de garantias fundamentais, tendo por escopo legitimar a intervenção do sistema punitivo no que diz respeito à persecução da criminalidade clássica ou tradicional, ou seja, da criminalidade ínsita à "dimensão não tecnológica da sociedade de risco".

Dessa forma, torna-se possível afirmar que, por meio do modelo de Direito Penal se estrutura no Brasil a partir do paradigma da segurança cidadã, não se busca a proteção dos cidadãos e dos seus direitos fundamentais em face da atuação punitiva estatal, tampouco a prevenção à prática de crimes – conforme preconizam os discursos clássicos de legitimação do *jus puniendi* do Estado. Busca-se, sim, a dominação e a opressão exercidas precipuamente contra as camadas economicamente desfavorecidas da sociedade, inclusive por meio de medidas de inocuização daqueles que são escolhidos para representar a "personificação do mal", o que viabiliza a afirmação de que, no Brasil,

> os esgualepados são duplamente atingidos: por um lado, por não terem acesso aos direitos sociais, encontram-se constantemente numa luta pela sobrevivência, o que muitas vezes leva ao cometimento de delitos, especialmente contra o patrimônio; por outro, porque, não possuindo qualquer capacidade de articulação frente ao sistema, ao cometerem delitos, são vítimas fáceis da repressão estatal, que deles se vale para justificar sua imprescindibilidade à sociedade. (Copetti, 2000, p. 63).

Conclui-se que a atuação do sistema punitivo a partir do paradigma da segurança cidadã reforça os estereótipos que sempre estiveram presentes na sociedade brasileira e revela, consequentemente, a real função desempenhada pelo sistema punitivo no Brasil: inspirar a confiança das classes detentores do poder econômico, infundindo terror aos setores populares, em clara afronta ao modelo de Direito Penal característico de um Estado Democrático de Direito, como se procurará demonstrar no capítulo que segue.

## 2. O papel do medo *do* Direito Penal

> "Tais eram as reflexões que eu vinha fazendo, por aquele Valongo fora, logo depois de ver e ajustar a casa. Interrompeu – mas um ajuntamento; era um preto que vergalhava outro na praça. O outro não se atrevia a fugir; gemia somente estas únicas palavras: "Não, perdão, meu senhor; meu senhor, perdão!".
> Mas, o primeiro não fazia caso, e, a cada súplica, respondia com uma vergalhada nova.
> – Toma diabo!, dizia ele; toma mais perdão bêbado!.
> Meu senhor!, gemia o outro. Cala a boca, besta!, replicava o vergalho.
> Parei, olhei... Justos céus! Quem havia de ser o do vergalho? Nada menos que o meu moleque Prudêncio – o que meu pai libertara alguns anos antes.
> Cheguei-me; ele deteve-se logo e pediu-me a bênção; perguntei-lhe se aquele preto era escravo dele.
> – É sim, nhonhô. – Era o modo que o Prudêncio tinha de se desfazer das pancadas recebidas, – transmitindo-as a outro."
> (*Machado de Assis – Memórias Póstumas de Brás Cubas*)

### 2.1. Reflexos do processo de expansão do Direito Penal na realidade brasileira

Como se procurou demonstrar no capítulo precedente, a sociedade contemporânea, diante do desenvolvimento acelerado da tecnologia e da ciência, pode ser caracterizada como a sociedade do "risco" (Beck, 1998; 2002) ou da "incerteza" (Bauman, 2008), no bojo da qual se desenvolvem novas formas de criminalidade – a exemplo do terrorismo e do crime organizado – que, aproveitando-se dos progressos tecnológicos, assumem proporções incomensuráveis e, em virtude disso, desencadeiam na população em geral um profundo sentimento de medo e insegurança.

Nesse contexto, eleito como instrumento privilegiado para dar resposta aos anseios populares por mais "segurança", o Direito Penal passa por um processo expansivo, marcado principalmente pela elaboração de normas jurídico-penais que perseguem fins político-eleitorais de curto prazo e que visam a criar na população a impressão da existência de um legislador atento à insegurança gerada pelos riscos da contemporaneidade.

Ou seja, o medo generalizado da violência gera um sentimento coletivo e cotidiano de insegurança, influenciando no processo de produção/alteração das normas penais, colimando, por um lado, a "tranquilização" da sociedade frente aos perigos e, por outro, o restabelecimento na confiança no papel das instituições e na capacidade do Estado em combatê-los.

Como características do Direito Penal que exsurge desse contexto foram destacadas: a) o incremento da criminalização a partir da proliferação de bens jurídicos de natureza coletiva, intangíveis ou abstratos; b) criminalização de atos de mera conduta, que prescindem da efetiva lesão aos bens jurídicos tutelados; c) antecipação da intervenção penal ao estágio prévio à efetiva lesão do bem jurídico, generalizando-se a punição de atos preparatórios, como, por exemplo, a associação criminosa; d) ampliação da discricionariedade das autoridades policiais; e) aumento indiscriminado do limite de tempo da pena de prisão; f) alterações nas regras de imputação e no sistema de garantias penais e processuais, a partir da proliferação de tipos penais pouco precisos e de leis penais em branco, bem como da introdução da ideia de eficiência como princípio norteador do processo penal.

No que diz respeito à realidade brasileira, todas essas características são facilmente verificadas na legislação penal infraconstitucional que vem sendo produzida nas últimas décadas no País, podendo ser citadas, a título exemplificativo:

a) a Lei n. 7.492/1986 que, ao definir os crimes contra o sistema financeiro nacional, elencou como delito a "gestão temerária de instituição financeira" (art. 4º, parágrafo único), sem delimitar a tipicidade de tal conduta, limitando-se simplesmente a referir o *nomen juris* da figura típica;

b) a Lei dos Crimes Hediondos (Lei n. 8.072/90), que, ao definir como hediondas condutas já previstas no Código Penal, alterou consideravelmente as penas a elas cominadas e restringiu as garantias processuais dos autores de tais delitos;

c) a Lei de Combate ao Crime Organizado (Lei n. 9.034/1995), que criou a figura do "juiz investigador", permitindo a introdução de técnicas de escuta e de investigação altamente lesivas às liberdades individuais, bem como a figura do "flagrante retardado", cuja inspiração parece ter sido hollywoodiana (art. 2º);

d) a Lei n. 9.613/1998, que, ao dispor sobre os crimes de "lavagem" ou ocultação de bens, direitos e valores, tipifica condutas relacionadas ao terrorismo e ao crime organizado sem que tais condutas sejam descritas;

e) o Estatuto do Desarmamento (Lei n. 10.826/2003), que ampliou as figuras típicas e passou a penalizar mais severamente as condutas de perigo referentes à posse e ao porte ilegal de armas, declarando-os como inafiançáveis e prevendo penas que, às vezes, ultrapassam as cominadas para crimes como lesões e até mesmo o homicídio;

f) a Lei n. 10.792/2003, que alterou a Lei de Execução Penal (Lei n. 7.210/1984), instituindo o Regime Disciplinar Diferenciado na execução da pena de prisão, permitindo o isolamento do preso provisório ou do condenado por até um ano, buscando, assim, atingir os integrantes de organizações criminosas e prevendo, na prática, uma modalidade de pena cruel com fins notadamente inocuizadores.

No entanto, em que pese ditas alterações legislativas voltarem-se contra aquilo que se costuma chamar "macrocriminalidade" levada a cabo por "inimigos", deve-se atentar para o fato de que, sob influência do discurso do paradigma da segurança cidadã, ditas normas recrudescedoras do poder punitivo estatal acabam por atingir, em países de modernidade tardia como o Brasil, os estratos historicamente perseguidos pelo sistema punitivo, em decorrência das equiparações conceituais equivocadas de que se tratou no capítulo precedente. Assim, o medo inserido *no* Direito Penal em virtude das novas formas assumidas pela criminalidade resulta, em países como o Brasil, na imposição do medo *do* Direito Penal.

A análise de dois momentos históricos fundamentais da história nacional permite demonstrar como o medo *do* Direito Penal opera no Brasil como instrumento de controle e disciplina social das classes populares que vão de encontro aos interesses das hegemonias conservadoras. O primeiro momento analisado é o período pós-abolição da escravatura, quando se busca implantar no país, a partir da Proclamação da República, a ordem burguesa – fazendo surgir a figura do "malandro" ou "vadio" para representação e identificação dos "inimigos" da "ordem e do progresso". O segundo momento contextualizado inicia no período no qual se começa a implementar no país o modelo neoliberal, notadamente a partir da década de 80 do século XX, estendendo-se até os dias atuais – quando, mesmo tendo por norte a persecução à macrocriminalidade representada pela figura do "traficante", o sistema penal brasileiro deixa clara a cada intervenção a sua seletividade, justificando, por meio de uma suposta defesa da sociedade em face deste tipo de crimes, a sua atuação truculenta em relação àqueles que são historicamente perseguidos pelo "braço armado" do Estado brasileiro.

A escolha destes dois períodos históricos decorre da compreensão de que, dentro da periodização estabelecida por Batista (2002) – segundo o qual se pode distinguir quatro sistemas penais brasileiros, quais sejam: o colonial-mercantilista, o imperial-escravista, o republicano-positivista e o contemporâneo, denominado pelo autor de sistema penal do capitalismo tardio –, são os dois últimos que permitem demonstrar de forma mais transparente como o sistema penal opera de modo seletivo contra os espólios da escravidão, demonstrando, assim, que "o sistema penal é constitutivo de representações e relações sociais, de políticas públicas, de discursos do poder e até mesmo de sua própria configuração linguística, a lei penal." (Batista, 2002, p. 147).

Os dois períodos históricos enfocados permitem, portanto, de acordo com a célebre lição de Foucault (1987, p. 27), demonstrar que

> as medidas punitivas não são simplesmente mecanismos "negativos" que permitem reprimir, impedir, excluir, suprimir; mas que elas estão ligadas a toda uma série de efeitos positivos e úteis que elas têm por encargo sustentar (e nesse sentido, se os castigos legais são feitos para sancionar as infrações, pode-se dizer que a definição das infrações e sua repressão são feitas em compensação para manter os mecanismos punitivos e suas funções).

E é justamente nesse ponto que se revela o verdadeiro e real exercício de poder dos órgãos que compõem o sistema penal, qual seja, o seu poder positivo, configurador da realidade social, o qual se dá de forma militarizada e verticalizada, e, em que pese ser exercido sobre a maioria da população, tem por alvo preferencial os setores mais carentes e, portanto, vulneráveis da sociedade. Esta disciplina militarizada é igual à exercida no quartel, onde

> a uniformidade do aspecto externo, o acatamento ao superior, a sensação de que toda atividade prazerosa é uma concessão da autoridade, etc., são evidentemente parte de um exercício de poder configurador e não, meramente, repressivo. Trata-se também de um poder repressivo porque tende a interiorizar essa disciplina (a torná-la parte do próprio aparelho psicológico), atua em nível consciente e – talvez, principalmente – inconsciente, elimina a espontaneidade e configura uma sociedade de submetidos a uma *vigilância interiorizada* da autoridade. (Zaffaroni, 2001, p. 24).

Considerando o exposto, nos capítulos a seguir serão abordados os principais aspectos dos "sistemas penais" brasileiros, com ênfase nos dois acima indicados, de forma a demonstrar como a figura do "vadio" da incipiente república transmutou-se, na contemporaneidade, na figura do "traficante", legitimando, assim, a permanência da antiga truculência do sistema punitivo nacional contra sua clientela habitual: as camadas populares.

## 2.2. O medo *do* Direito Penal e a disciplina dos corpos indóceis na construção da ordem burguesa no Brasil

Os sistemas penais denominados por Batista (2002) de colonial-mercantilista e imperial-escravista foram marcados por uma intervenção punitiva que se dava sobre o próprio *corpo* da sua clientela, composta precipuamente pelos escravos e trabalhadores livres pobres. A compreensão do *público* como uma mera continuação do *privado* – decorrente da tradição ibérica denominada por Max Weber (1999) de *patrimonialismo*[44] – significava uma interven-

---

[44] Segundo Weber (1999), a submissão e a obediência a um determinado chefe político é assegurada por um "sistema de dominação" que pode apresentar três formas: a "dominação carismática", a "dominação racional-legal" e a "dominação tradicional". O patrimonialismo constitui um exercício de poder político que,

ção punitiva pública pautada nas práticas penais do espaço do senhor, razão pela qual Batista (2002, p. 149) salienta que "as maiores atrocidades no Brasil colonial se davam no âmbito do direito penal privado".[45]

Com efeito, a estrutura descentralizada com que se dava o exercício do poder dos senhores proprietários de terras instituiu espaço profícuo para a implantação de tiranias privadas, uma vez que a autoridade dos senhores escravocratas era absolutamente inquestionável: "tudo se fazia consoante sua vontade, muitas vezes caprichosa e despótica." (Holanda, 2007, p. 80). Tal submissão à autoridade senhorial decorria principalmente do fato de que era ele o provedor do sustento de todos aqueles que habitavam o engenho, uma espécie de feudo que, no dizer de Holanda (2007, p. 80),

> constituía um organismo completo e que, tanto quanto possível, se bastava a si mesmo. Tinha capela onde se rezavam as missas. Tinha escola de primeiras letras, onde o padre-mestre desasnava meninos. A alimentação diária dos moradores, e aquela com que se recebiam os hóspedes, frequentemente agasalhados, procedia das plantações, das criações, da caça, da pesca proporcionadas no próprio lugar.

A autoridade dos senhores não incidia somente sobre a população escrava. Como salienta Carvalho (2003), entre os escravos e os senhores existia uma população legalmente livre, mas que não tinha condições para exercício dos direitos civis, razão pela qual ela

---

nesse esquema conceitual, se situa no tipo de "dominação tradicional", no qual a legitimidade do chefe político decorre exatamente da *tradição*, ou seja, de um *costume* socialmente arraigado, de uma *autoridade* que existiu desde sempre. Uma das características principais do patrimonialismo é o fato de ser um poder exercido individualmente pelo governante, amparado por um aparato administrativo recrutado a partir de critérios pessoais. Tal forma de dominação possui raízes históricas na ordem familiar de caráter patriarcal, razão pela qual, nesse sistema, não há uma separação entre os interesses pessoais daquele que assume a postura de autoridade e os interesses dos governados: a administração política é tratada como um "assunto pessoal" do chefe político.

[45] Segundo Batista (2002, p. 149), basta um exemplo para ratificar essa afirmação: "em 1591, Fernão Cabral de Taíde prestava declarações ao visitador do Santo Ofício na Bahia, sobre um culto popular no sertão; a certa altura, relata que 'uma noite, estando uma negra sua inchada de comer terra e quase para morrer (...) disse a dois negros seus que a botassem na fornalha'. O visitador prossegue a inquirição sobre a seita, e percebe-se que seu interesse está todo concentrado nas supostas práticas de idolatria; a escrava em pleno 'banzo' queimada viva não era pecado que merecesse atenção".

também dependia dos grandes proprietários rurais para ter onde morar, trabalhar, e se proteger do arbítrio tanto dos governantes quanto dos demais proprietários.

Com isso, a autoridade do patriarca se dilatava, alcançando, além dos seus familiares consanguíneos, todos aqueles que viviam sob o seu domínio territorial (escravos, camponeses "agregados", etc.). A própria justiça estatal tinha um alcance limitado, dado que "o poder do governo terminava na porteira das grandes fazendas" (Carvalho, 2003, p. 21), onde o senhor imperava absoluto. Daí a afirmação de Neder (2007, p. 182) no sentido de que, no período em tela, o controle social "era realizado dentro da própria unidade de produção (o feudo, o engenho de açúcar ou a fazenda de café)".

E é justamente em virtude disso que, no período colonial, como salienta Batista (2002, p. 150), as Ordenações Manuelinas (datadas de 1521) e Filipinas (datadas de 1603) constituíam apenas um pano de fundo para o exercício pouco – e às vezes não regulamentado – do poder punitivo que era delegado aos donatários pelo rei:

> da carta através da qual Duarte Coelho se imitia no governo do que seria Pernambuco, sua jurisdição criminal tinha alçada até a pena de morte – para escravos, índios e livres pobres ("peões cristãos homens livres") – e até dez anos de degredo ou cem cruzados para "pessoas de mor qualidade", salvo naturalmente os casos de heresia, traição, sodomia e moeda falsa, nos quais o poder punitivo represado para a constituição dos estados nacionais precisava romper os estatutos pessoais privilegiados.

Com a independência do País, segundo Carvalho (2003), não se introduziu nenhuma mudança radical na sua estrutura política e na sua forma de organização social, justamente em virtude da força da cultura política colonial e do fato de que o processo de declaração da independência foi conduzido de forma bastante pacífica, uma vez que foi resultado de negociações entre a elite brasileira, a Coroa portuguesa e a Inglaterra. O povo assumiu, nesse processo, uma postura de simples espectador, tanto que a notícia da independência só chegou a alguns lugares meses depois da sua declaração. Para o referido autor (2003, p. 28), "a tranquilidade da transição facilitou a continuidade social".

E a já referida "invasão" do público pelo privado, em que pese ser fruto do período em que a sociedade brasileira ainda era essencialmente rural, não foi suplantada com o processo de urbanização do País iniciado a partir da declaração da independência. Isso porque, com a formação dos centros urbanos, os cargos relativos à vida citadina (carreiras burocráticas, profissões liberais, etc.) foram sendo paulatinamente ocupados pelos próprios aristocratas rurais e seus descendentes que, transportados para as cidades, carregaram consigo "a mentalidade, os preconceitos e, tanto quanto possível, o teor de vida que tinham sido atributos específicos de sua primitiva condição." (Holanda, 2007, p. 82). Com isso, todo o aparato administrativo do País, mesmo durante o período republicano, é formado por elementos intrinsecamente relacionados ao velho sistema senhorial do período imperial.[46]

No que tange à legislação penal do período imperial, destaca-se a inspiração liberal do Código Criminal de 1830, sob inspiração de brasileiros que estudavam Direito em Coimbra, onde tiveram contato com obras dos iluministas e tentaram transportar para o país dito ideário. No entanto, como a base da economia brasileira permanecia sendo a monocultura latifundiária sustentada pela mão de obra escrava, verifica-se que o referido Código, em que pese a inspiração iluminista, não representou uma significativa modificação no que tange aos instrumentos de punição das camadas representadas pelos escravos e pelos homens livres e pobres.

A propósito, deve-se destacar que a Constituição de 1824, outorgada pelo imperador, não contemplava em seus dispositivos "o escravo ou o homem livre e pobre, mas apenas aqueles que, a partir de rendas estipuladas, teriam acesso aos diferentes níveis de participação política", ao passo que o Código Criminal "abrangia todos os segmentos sociais." (Neder, 2007, p. 185). Assim, mesmo sob a influência ideológica do liberalismo, o Código Criminal de 1830 mantinha um sistema de penas cruéis voltado precipuamente aos escravos, com destaque para a manutenção da pena de açoite prevista no seu artigo 60, "humanizada" no que diz respeito à limitação do número de açoites, cujo número máximo não poderia ultrapassar o de cinquenta por dia/escravo.

---

[46] Nas palavras de Holanda (2007, p. 73), "na Monarquia eram ainda os fazendeiros escravocratas e eram filhos de fazendeiros, educados nas profissões liberais, quem monopolizava a política, elegendo-se ou fazendo eleger seus candidatos, dominando os parlamentos, os ministérios, em geral todas as posições de mando, e fundando a estabilidade das instituições nesse incontestado domínio".

É por isso que os bacharéis brasileiros da época, em que pese a "contaminação" ideológica de cariz iluminista decorrente da sua formação, representavam, na visão de Neder (2007, p. 187-188), "os expoentes de uma classe que se sustentou à base do açoite, no controle social direto e repressivo do cotidiano dos escravos", razão pela qual afirma a sobredita historiadora (2007, p. 191) que, mesmo parecendo, à primeira vista, que se buscava com a Constituição de 1824 e o Código Criminal de 1830 negar a herança colonial e rural, "toda a estrutura política e jurídica do Império permaneceu fundada nas mesmas bases anteriores: o latifúndio agro-exportador e o trabalho escravo".

Estabelece-se, assim, com a transposição dos ideais liberais para o domínio brasileiro, a seguinte equação: afirmação dos direitos de liberdade para as classes dominantes *versus* manutenção da opressão sobre os setores subalternos, como decorrência da manutenção do trabalho escravo como base de sustentação das elites.

Com as rupturas significativas ocorridas no Brasil entre os séculos XIX e XX, representadas pelo fim do trabalho escravo (1888) e do regime monárquico (1889), houve reflexos na forma como se estruturou o controle social sobre as camadas vulneráveis da população. Tal controle era exercido a partir de uma dinâmica pendular e contraditória entre a sacralização (caridade) e a secularização (dever), característica do exercício do poder na sociedade brasileira em decorrência das permanências culturais herdadas do modelo institucional do Estado absolutista português (sacralização) e do processo de ruptura iniciado com a emancipação política (1822) rumo à constituição do Estado brasileiro (secularização) (Neder e Cerqueira Filho, 2006).

De acordo com Neder (2009, p. 18), esta indecisão pendular no que tange à questão do controle e disciplina das classes populares, que atravessa toda a história republicana brasileira, tem suas origens no período de transição do período monárquico para o republicano, e se traduz da seguinte forma:

> exige-se modernização técnica e de procedimentos para punição, seguindo os ventos das inovações aplicadas pelas políticas liberalizantes relativas aos direitos (de cidadania e direitos humanos) nas formações históricas das duas margens do Atlântico, desde fins do século XVIII; e, ao mesmo tempo, quer-se uma política de controle e disciplinamento das classes populares rígida, autoritária e altamente repressiva.

Verifica-se, portanto, uma interpenetração do ideário burguês com permanências históricas da cultura política do Antigo Regime e do escravismo, "que deu suporte a uma prática jurídico-política e a uma afetividade absolutista, que desafiaram a racionalidade do capitalismo e seu ideário, que se queria implantar." (Neder, 2009, p. 20).

Constata-se, assim, nesse período, um certo afinamento das elites brasileiras com a política europeia de organização da justiça criminal (modernização, ainda que conservadora), mas a estrutura social até pouco tempo calcada na escravidão segue sendo responsável pela manutenção de mecanismos arcaicos de manutenção do poder destas elites, decorrente, segundo Neder e Cerqueira Filho (2006, p. 23), "da permanência de uma cultura jurídico-política baseada na obediência hierárquica e na fantasia absolutista de um controle absoluto sobre os corpos dos trabalhadores". Isso leva Flauzina (2008, p. 62) a afirmar que "o manejo do sistema penal, principalmente pela difusão do medo e de seu poder desarticulador, cumpriu um papel fundamental nos processos de naturalização da subalternidade".

O cotejo entre o Código Penal republicano de 1890 e a Constituição de 1891 deixa clara essa dinâmica pendular: ao passo que o primeiro foi marcado por traços eminentemente repressivos, em especial no que diz respeito aos chamados "Crimes contra a liberdade de Trabalho",[47] a segunda foi informada por princípios liberais, o que resta claro a partir da leitura dos dispositivos referentes à declaração dos direitos dos cidadãos. Quer dizer, à inclusão na cidadania por meio da Carta Constitucional correspondia a exclusão por meio do Código Penal sempre que estivesse ameaçada a "liberdade de trabalho" (Neder, 1995).

Além disso, deve-se atentar para o fato de que o surgimento de um Código Penal em momento anterior à Constituição republicana deixa claro, como observa Flauzina (2008, p. 82) que "o fim do regime de trabalhos forçados reclamou prioritariamente um instrumento de repressão, deixando para segundo plano uma carta de declaração de direitos e princípios que regulamentasse a vida em sociedade".

---

[47] Arts. 204 e 207 do Código Penal de 1890 e art. 72, §§ 1º e 31 da Constituição Federal de 1891.

Torna-se possível, portanto, a afirmação de que a substituição do trabalho escravo pelo trabalho livre redundou na formação de uma estrutura de classes na qual a classe dominante – então representada pelas oligarquias cafeeiras ligadas à área mais dinâmica do ponto de vista econômico da sociedade brasileira da virada do século XIX para o século XX – procurou deter a manutenção do monopólio da repressão sobre as camadas inferiores – então representadas precipuamente pelos ex-escravos – e mesmo sobre os setores dominantes não hegemônicos, mantendo a "normalidade" e a "ordem" por meio do controle dos "desvios" (Neder, 1995).

Nesse sentido, destaca Chalhoub (2001, p. 67) que "a lei de 13 de maio era percebida como uma ameaça à ordem porque nivelava todas as classes de um dia para o outro, provocando um deslocamento de profissões e de hábitos de conseqüências imprevisíveis". É por isso que, segundo o autor (2001, p. 66-67), nos debates travados em 1888 na Câmara dos Deputados, a preocupação maior era com o combate à ociosidade, dada a compreensão de que "a Abolição trazia consigo os contornos do fantasma da desordem", sendo frequentes as reivindicações no sentido de uma maior proteção à propriedade e à própria segurança individual, "ameaçadas pelas 'hordas' de libertos que supostamente vagavam pelas estradas a 'furtar e rapinar'". Tamanha era a preocupação e a dramatização, que se sugeria, como medida paliativa imediata para o problema, o recrutamento massivo dos libertos para o exército.

O pano de fundo destes debates era o consenso firmado quanto ao caráter dos libertos,

> em geral pensados como indivíduos que estavam despreparados para a vida em sociedade. A escravidão não havia dado a esses homens nenhuma noção de justiça, de respeito à propriedade, de liberdade. A liberdade do cativeiro não significava para o liberto a responsabilidade pelos seus atos, e sim a possibilidade de se tornar ocioso, furtar, roubar etc. Os libertos traziam em si os vícios de seu estado anterior, não tinham a ambição de fazer o bem e de obter um trabalho honesto e não eram "civilizados" o suficiente para se tornarem cidadãos plenos em poucos meses. Era necessário, portanto, evitar que os libertos comprometessem a ordem, e para isso havia de se reprimir os seus vícios. Esses vícios seriam vencidos através da educação, e educar libertos significava criar o hábito do trabalho através da repressão, da obrigatoriedade. (Chalhoub, 2001, p. 68).[48]

---

[48] Excerto de um discurso do deputado Mac-Dowell (*apud* Chalhoub, 1996, p. 24--25) traduz a opinião que se tinha acerca do caráter dos libertos: "[A] lei produzirá os desejados efeitos compelindo-se a população ociosa ao trabalho honesto,

Para tanto, precisava-se de uma justificação ideológica para o trabalho obrigatório para as classes populares, a qual vai ser buscada a partir da concepção do trabalho enquanto elemento de ordenação da sociedade, sendo uma retribuição, pelo trabalhador, à sociedade, de tudo aquilo que ela lhe garante, a exemplo da segurança, dos direitos individuais, da liberdade, etc. Outrossim, estabelece-se um liame entre trabalho e moralidade, pautado na compreensão de que quanto maior a dedicação do indivíduo ao trabalho, maiores os seus atributos morais (Chalhoub, 2001).

É exatamente em virtude disso que o Código Penal brasileiro promulgado em 1890, ou seja, dois anos após a abolição da escravatura, exerceu, na falta de uma legislação que regulasse as relações de trabalho entre as classes dominantes e subalternas, a função de Direito do Trabalho, com um viés repressivo e autoritário (Neder, 1995; Neder e Cerqueira Filho, 2006).

Com efeito, o fato de o Brasil viver um momento de constituição de um mercado de trabalho "livre" no bojo do processo de implantação do capitalismo no país, redundou na ênfase dada ao ideal burguês do trabalho. O indivíduo, neste contexto, ou era trabalhador ou era vadio e, consequentemente, perigoso, devendo, portanto, ser reprimido.

Ao lado do Código Penal republicano, Flauzina (2008, p. 83) demonstra, a partir da análise de outros dispositivos legais da época, a preocupação com a repressão ao ócio: o Decreto n. 145, de 11 de junho de 1893, previa a "prisão correcional", em colônias fundadas pela União ou pelos Estados, de "mendigos válidos, vagabundos ou vadios, capoeiras e desordeiros"; o Decreto n. 3.475, de 4 de novembro de 1899, negava direito à fiança aos réus "vagabundos ou sem domicílio".

Sobre essa preocupação com o "combate à ociosidade", Chalhoub (2001, p. 65) salienta que a transição do trabalho escravo para o trabalho livre implicou uma necessidade de reajustamento do universo mental das elites dominantes no que diz respeito à questão do trabalho, uma vez que, com a escravidão, dita questão era escassamente problematizada, uma vez que os senhores eram

---

minorando-se o efeito desastroso que fatalmente se prevê como conseqüência da libertação de uma massa enorme de escravos, atirada no meio da sociedade civilizada, escravos sem estímulos para o bem, sem educação, sem os sentimentos nobres que só pode adquirir uma população livre...".

proprietários dos escravos. Portanto, "o mundo do trabalho estava obviamente circunscrito à esfera mais ampla do mundo da ordem, que consagrava o princípio da propriedade".

No entanto, com a abolição da escravatura, impossibilitou-se o suprimento de força de trabalho aos empreendimentos econômicos por meio da propriedade dos escravos, colocando-se, então, o grande problema: transformar o liberto, dono de sua força de trabalho, em um trabalhador disposto a vender sua capacidade laboral ao capitalista empreendedor, de forma a continuar a acumulação de riquezas dos senhores/patrões (Chalhoub, 2001).

Deve-se salientar, ainda, de acordo com Neder e Cerqueira Filho (2006), que a extinção do tráfico negreiro, em 1850, representou um fator de estabilização demográfica da massa escrava, o que implicou uma longevidade maior dessa população. Como decorrência disso, surge a Lei dos Sexagenários, em 1885, que colocou em liberdade os velhos escravos, os quais passaram a engrossar as fileiras de mendigos e indigentes nas cidades brasileiras, aumentando assim os protestos e a revolta escrava.[49]

O referido quadro agravou-se com a abolição da escravidão, quando os ex-escravos, embora disponíveis ao mercado de trabalho livre, foram excluídos da maioria das profissões que exigiam um certo grau de alfabetização/qualificação, sendo-lhes reservados "trabalhos vis, mal pagos e sem promessas de ascensão social." (Neder e Cerqueira Filho, 2006, p. 28). Ou seja, "o negro passou de escravo a trabalhador livre, sem mudar, contudo, sua posição relativa na estrutura social." (Chalhoub, 2001, p. 88).

Outro fator que contribuiu para a exclusão social da população negra foi a imigração europeia: as classes dominantes viam o negro como um mau trabalhador, ao passo que no imigrante bran-

---

[49] Segundo Flauzina (2008, p. 76), "a Lei Eusébio de Queiroz, de 1850, que extinguiu o tráfico de escravos, a Lei do Ventre Livre, de 1871, que 'libertou' os filhos das escravas, e a Lei dos Sexagenários, de 1885, que libertou os escravos a partir da idade de sessenta anos, para citar apenas os dispositivos mais célebres, constituíram uma base simbólica funcional aos interesses das elites imperiais. Esticando a vida dessa instituição agonizante, a aristocracia criou a imagem de uma classe senhorial benevolente, além de dar respostas às pressões inglesas, cada vez mais fortes. Por meio desse tipo de mecanismo que não visava a libertar aos poucos, mas, ao contrário, a aprisionar um pouco mais, as elites brancas ganharam o tempo necessário para construir o novo fenótipo do país".

co enxergavam uma possibilidade de aceleração da transição para o sistema capitalista, razão pela qual os empreendedores da época, ao contratarem trabalhadores, assumiam posturas discriminatórias em detrimento dos negros. Ademais, o fomento da imigração representava o "embranquecimento" da população nacional, ou seja, fator preponderante para o progresso diante da compreensão da raça branca como superiora e da raça negra como degenerada e, portanto, um entrave para o desenvolvimento nacional (Chalhoub, 2001). Como destaca Flauzina (2008, p. 41),

> dentro de uma percepção que coloca negros e indígenas como barreiras às conquistas da civilidade, a partir de um arquétipo que compreende os traços ideais como aqueles inscritos nos padrões europeus, nada mais natural do que investir esforços com o intuito de controlar e remover os segmentos que maculam a potencialidade da região.[50]

---

[50] No campo da ficção, uma interessante abordagem sobre essa questão é feita pelo romancista baiano Jorge Amado (2001) na obra *Tenda dos Milagres*, cujo ponto de partida é um conflito racial estabelecido entre as elites intelectuais da Bahia – representadas pelo personagem Nilo Argolo de Araújo, catedrático de Medicina Legal da Faculdade de Medicina da Bahia –, de um lado, e, de outro, Pedro Archanjo – bedel mulato da Faculdade de Medicina e ainda capoeirista, tocador de violão, cachaceiro e pai de muitas crianças com diferentes mulatas. Nilo Argolo preconizava o "branqueamento" da população brasileira de forma a manter a raça negra em sua posição de subserviência, bem como evitar a miscigenação racial, vista como origem de uma sub-raça (os mulatos) responsável pela degenerescência biológica e cultural do povo brasileiro: "a mestiçagem, o perigo maior, o anátema lançado contra o Brasil, monstruoso atentado: a criação de uma sub-raça no calor dos trópicos, sub-raça degenerada, incapaz, indolente, destinada ao crime. Todo o nosso atraso devia-se à mestiçagem. O negro ainda poderia ser aproveitado no trabalho braçal, tinha a força bruta dos animais de carga. Preguiçoso e salafrário, o mestiço, porém, nem para isso servia. Degradava a paisagem brasileira, apodrecia o caráter do povo, empecilho a qualquer esforço sério no sentido do progresso, do *progredimento*" (p. 274). Pedro Archanjo, por sua vez, defendia a inexistência de qualquer hierarquia entre as raças, destacando, pelo contrário, que da mestiçagem é que surgia o "talento" e a "resistência" do brasileiro para superar a miséria e o desespero, criando a beleza cotidiana da vida. A tese de Archanjo era defendida por meio de exemplos pragmáticos – a partir da análise da genealogia de personagens históricos ilustres – que demonstravam a capacidade dos mulatos para o exercício de qualquer atividade tida como privilégio de brancos, bem como por meio do argumento de que mesmo os defensores da eugenia racial na Bahia tinham em sua genealogia miscigenação racial: "Pedro Archanjo relacionara as famílias nobres da Bahia e completara as árvores genealógicas em geral pouco atentas a certos avós, a determinados conúbios, a filhos bastardos e ilegítimos. Assentados em provas irrefutáveis lá estavam, do tronco aos ramos, brancos, negros e indígenas, colonos, escravos e libertos, guerreiros e letrados, padres e feiti-

Diante desse quadro, verifica-se que as medidas repressivas da época voltavam-se, por um lado, para a imposição da ideologia burguesa do trabalho, e, por outro, para o controle e a disciplina da população ex-escrava. Na verdade, o primeiro objetivo servia como instrumento de encobrimento ideológico do segundo,[51] afinal, foi aquilo a que Chalhoub (1996; 2001) denomina de "medo branco" que se instaurou no país no período pós-abolição – decorrente do medo de uma possível insurreição negra diante das precárias condições de vida na qual viviam as massas ex-escravas – que dirigiu as estratégias antecipatórias da afirmação de uma codificação penal repressiva. O medo das elites de perder "as rédeas do controle sobre a população negra", destaca Flauzina (2008, p. 82), "passou a ser a plataforma principal das investidas de cunho repressivo".

Como assevera Malaguti Batista (2003a, p. 37),

> esse medo branco que aumenta com o fim da escravidão e da monarquia produz uma República excludente, intolerante e truculenta com um projeto político autoritário. Essa foi sempre a síndrome do liberalismo oligárquico brasileiro, que funda a nossa República carregando dentro de si o princípio da desigualdade legítima que herdara da escravidão.

Com efeito, como destaca Neder (2007, p. 184), a "fantasia absolutista" da possibilidade de um controle absoluto de tudo e de todos não foi processada no Brasil nem mesmo com a abolição da escravidão e a instituição da república:

> persistimos, no Brasil, com um legado, uma herança do absolutismo português, com a fantasia absolutista do controle social (policial) absoluto sobre os espaços urbanos (na verdade, o controle absoluto sobre a massa de ex-escravos, de seus

---

ceiros, aquela mistura nacional. Abrindo a grande lista, ao Ávilas, os Argolos, os Araújos, os ascendentes do professor de Medicina Legal, o ariano puro, disposto a discriminar e a deportar negros e mestiços, criminosos natos" (p. 278).

[51] Isso porque, desde então, o "controle" do trabalhador não mais ocorre de forma direta e imediata dentro do próprio espaço de produção, seja nos engenhos de açúcar, seja nas fazendas de café, como acontecia ao tempo do trabalho escravo. Este controle assume novas formas e conteúdos distintos ao ser deslocado para o espaço "neutro" do Estado. Com isso, afirma-se que, com o estabelecimento do trabalho juridicamente livre, a burguesia cafeeira se libertou da desgastante tarefa de reprimir de forma imediata os trabalhadores. Com a força de trabalho transformada em mercadoria, estabelece-se uma regulação jurídica contratual, onde as partes são, em tese, livres e iguais para escolher os contratantes (Neder, 1995; Neder e Cerqueira Filho, 2006).

descendentes afro-brasileiros, e de trabalhadores urbanos, de um modo geral). Donde a ênfase nas campanhas de lei e ordem, ainda discutidas e implementadas pelas polícias no Brasil no tempo presente.

Cumpre salientar que todo o discurso jurídico brasileiro da época buscava legitimidade no pensamento europeu, onde a Criminologia emergia enquanto ciência, com o escopo de, por meio de um discurso dotado de cientificidade – ao lado da Sociologia e da Psicologia –, garantir a hegemonia burguesa em face do movimento operário europeu. Em *terrae brasilis*, as teses então propaladas pela Criminologia europeia, em especial aquelas que sofriam influência do racismo-biologista de corte epistemológico lombrosiano, foram assimiladas e reelaboradas, fazendo surgir o "criminoso brasileiro", o qual "ganhou novos adereços, relacionados às teses da miscigenação racial e às elucubrações sobre a presença de ex-escravos de origem africana nas cidades brasileiras". (Neder e Cerqueira Filho, 2006, p. 27).[52]

A apropriação do determinismo lombrosiano, segundo Neder (2009, p. 21),

> foi (e tem sido, ainda) hegemônica no campo jurídico brasileiro (especialmente para a justiça criminal) e introduziu aspectos aparentemente "científicos" (porque secularizados), a postura muito antiga apropriada da cultura religiosa pessimista, porque ancorada na ideia de predestinação (ao mal). Neste caso, a atualização histórica do pessimismo (agora de corte racista e cientificista) em relação às possibilidades históricas para as classes subalternas no Brasil, em sua grande maioria compostas de ex-escravos, dá suporte efetivo ao sentimento político de exclusão e indiferença em relação aos seus direitos. Este sentimento resulta de um amplo

---

[52] Neder e Cerqueira Filho (2006, p. 27-28) observam, a propósito a diferença entre as conjunturas brasileira e europeia quando do surgimento da criminologia na virada do século XX: "enquanto que na Itália e na França o discurso criminológico surgia num momento de questionamento da ordem – quando se tornava inoperante o uso puro e simples da repressão –, no Brasil, tal discurso explicitava toda uma tentativa de recurso à técnica e à ciência no sentido de legitimar a regulamentação e a normatização da ordem burguesa em processo de afirmação. Tratava-se, portanto, não propriamente de uma situação de crise de hegemonia por esgotamento político, mas de uma crise de afirmação no processo de estruturação do Estado sob a forma republicana na passagem à modernidade. Começara a haver uma tendência, embora não totalmente formalizada, de localizar no Estado o monopólio da violência e da repressão, transferindo-se, assim, para as instituições policiais e judiciais, larga parcela das práticas de controle e disciplinamento anteriormente exercidas diretamente pelos senhores de escravos". Nesse mesmo sentido, ver Neder (1995, p. 21-22).

e prolongado processo de desumanização que legitima a truculência policial e as execuções sumárias realizadas a partir de práticas políticas absolutistas (porque ao arrepio da lei) por agentes históricos não estatais (grupos de extermínio e milícias).

É, portanto, da soma desses fatores – necessidade de imposição do "controle" da população de ex-escravos por meio do trabalho e "medo branco" de uma possível insurreição negra –, que, à luz da criminologia racista-biologista "à la brasileira", surge a figura do "malandro", ou seja, do "vadio", como primeira figura perseguida majoritariamente pelo sistema punitivo brasileiro (Neder, 1995). É por isso que o Código Penal de 1890 tipifica como crime, em seu artigo 399, a vadiagem, e, no artigo 206, criminaliza a greve.

Ou seja, a tipificação da vadiagem e da greve representa uma tentativa das classes dominantes da época de impor àquela população, por meio do Direito Penal, a "ordem social". A criminalização da vadiagem representa uma individualização[53] das manifestações consideradas "contrárias à ordem", perpetradas precipuamente pela população de ex-escravos, admitidas em um espaço bastante restrito do mercado de trabalho. Ademais, com a criminalização da vadiagem e da greve busca-se disciplinar os corpos dos trabalhadores – agora livres – para o trabalho fabril, diante do estabelecimento de uma economia de mercado.

Como destaca Chalhoub (2001, p. 73), "todos os predicados associados ao mundo do trabalho são negados quando o objeto de reflexão é a vadiagem", uma vez que "enquanto o trabalho é a lei suprema da sociedade, a ociosidade é uma ameaça constante à ordem", dada a compreensão de que "o ocioso é aquele indivíduo que, negando-se a pagar sua dívida para com a comunidade por meio do trabalho honesto, coloca-se à margem da sociedade e nada produz para promover o bem comum".

---

[53] Como destacam Neder e Cerqueira Filho (2006, p. 29), a tipificação da malandragem enquanto forma individualizada de afronta à "ordem" substituiu a persecução à capoeiragem, que expressava uma resistência coletiva, razão pela qual "a última década do século XIX e a primeira do século XX assistiram a uma brutal repressão política aos capoeiras, que assumiu características de extermínio (prisões, deportações para a Ilha Fernando de Noronha em alto-mar – no Atlântico – ou para áreas de floresta fechada – Clevelândia)".

Além disso, o indivíduo ocioso é um pervertido, uma ameaça à moral, "pois não tem noção de responsabilidade, não tem interesse em produzir o bem comum nem possui respeito pela propriedade". Assim, a ociosidade também é vista como "um estado de depravação de costumes que acaba levando o indivíduo a cometer verdadeiros crimes contra a propriedade e a segurança individual." (Chalhoub, 2001, p. 75).

Portanto, pode-se afirmar que "a penetração da ideia de trabalho, no quadro de estruturação da sociedade de classes, surgiu acompanhada de seu par contrário: a malandragem, que envolveu aqueles que não se enquadraram na nova ordem." (Neder e Cerqueira Filho, 2006, p. 29). Isso porque a malandragem deriva da vadiagem, que passa a ser considerada "um ato preparatório do crime, daí a necessidade de sua repressão." (Chalhoub, 2001, p. 75).

Merece atenção, no entanto, o fato de que a ociosidade só era vista como um aspecto negativo – e portanto digno de repressão – quando associada à pobreza, uma vez que o ocioso que possuísse meios de garantir sua subsistência não era considerado um perigo à ordem social. Diferente, no entanto, é o caso da união da ociosidade à pobreza, que afetam o senso moral, deturpam o ser humano e conduzem à criminalidade. É por isso que Chalhoub (2001, p. 75) salienta existirem "uma má ociosidade e uma boa ociosidade": a primeira, por ser característica das classes pobres, merece repressão, ao passo que a segunda, por ser características das elites, é compreendida como um "atributo".

Em virtude disso, Neder e Cerqueira Filho (2006, p. 29) salientam que o estudo da malandragem enquanto uma categoria ideológica permite

> observar o processo que se delineava claramente a partir da abolição da escravidão, que visava dar um tratamento diferente aos homens livres e pobres. Sem dúvida, o combate à ociosidade, que faz parte da imposição da ideologia burguesa de trabalho, enfatizou a construção de mitologias em torno da honradez e da dignidade pelo trabalho. A organização e a arregimentação para o mercado de trabalho produziram socialmente formas, ideológicas e políticas, de tratamento das resistências à ordem disciplinar. Os grupos capoeiras, que congregavam agentes históricos resistentes à ordem escravista nos centros urbanos, necessitavam ser extintos [...]. Ao mesmo tempo, fazia-se necessário inscrever uma nova categoria social que nomeasse essa resistência de forma individual (portanto, não mais coletiva como eram os capoeiras) a fim de controlá-la.

Portanto, a tipificação da vadiagem visava, por um lado, a garantir que, mesmo com a abolição da escravatura, os negros continuassem sujeitos ao trabalho, e, por outro, garantir o controle dessa população, por meio da "estratégia da suspeição generalizada, com os afro-brasileiros vistos como suspeitos preferenciais." (Malaguti Batista, 2003a, p. 38).

É dessa época o surgimento no debate parlamentar brasileiro do conceito de "classes perigosas" enquanto sinônimo de "classes pobres", demonstrando a compreensão de que "o fato de ser pobre torna o indivíduo automaticamente perigoso à sociedade", uma vez que "os pobres apresentam maior tendência à ociosidade, são cheios de vícios, menos moralizados e podem facilmente 'rolar até o abismo do crime'." (Chalhoub, 2001, p. 76).

A partir da análise da destruição, comandada pelas autoridades da época, do cortiço *Cabeça de Porco*, na cidade do Rio de Janeiro, em 1893, Chalhoub (1996) analisa como se deu o surgimento do conceito de "classes perigosas" como sinônimo de "classes pobres" no Brasil. A origem da expressão "classes perigosas" é buscada pelo referido autor (1996; 2001) na obra da autora inglesa Mary Carpenter, que compreendia nesta terminologia aquelas pessoas que já tivessem entrado em contato com o sistema penal, ou mais especificamente com a prisão, em decorrência do fato de terem optado por obter o sustento próprio e de suas famílias por meio de delitos contra o patrimônio e não por meio do trabalho.

No Brasil, os parlamentares do período histórico enfocado, inspirados pela leitura de autores europeus, dão à concepção restrita de classes perigosas esboçada por Mary Carpenter um alargamento que vai ao encontro de suas preocupações com a "ociosidade" dos ex-escravos, fonte frequente de riscos e insegurança para as elites.

A pobreza e a (má) ociosidade, portanto, são os dois grandes problemas a serem combatidos à época da implantação da ordem burguesa no País, como pressuposto para a "ordem e o progresso", considerando-se o risco que essa "soma" apresentava para a sociedade, o que era propalado de forma escancarada pelos discursos políticos da época, como resta claro do excerto a seguir transcrito, oriundo do discurso de um deputado em 1888:

> as classes pobres e viciosas [...] sempre foram e hão de ser sempre a mais abundante causa de todas as sortes de malfeitores: são elas que se designam mais

propriamente sob o título de – classes perigosas –; pois quando mesmo o vício não é acompanhado pelo crime, só o fato de aliar-se à pobreza no mesmo indivíduo constitui um justo motivo de terror para a sociedade. (*apud* Chalhoub, 2001, p. 76).

Assim, o mundo da ociosidade e do crime, no universo ideológico das classes dominantes brasileiras no ocaso do regime monárquico e durante a República Velha, encontra-se em posição diametralmente oposta ao mundo do trabalho e da virtude, ou seja, da ordem. É por isso que a repressão à ociosidade é eleita como estratégia primeira de manutenção da ordem.

Chalhoub (1996, p. 22) sintetiza o círculo vicioso que une a pobreza à criminalidade de acordo com o pensamento da época: "os pobres carregam vícios, os vícios produzem os malfeitores, os malfeitores são perigosos à sociedade; juntando os extremos da cadeia, temos a noção de que os pobres são, por definição, perigosos".

Em que pese, no entanto, o maniqueísmo intrínseco à dicotomia "mundo do trabalho/ordem" e "mundo da ociosidade/desordem", deve-se atentar para o fato de que a existência do segundo é condição de possibilidade da existência do primeiro, ou seja, "cabe pensar a ociosidade e o crime como elementos fundamentais para a reprodução de um determinado tipo de sociedade", ou seja, como elementos úteis do ponto de vista da racionalidade do sistema, dado que permitem justificar "os mecanismos de controle e sujeição dos grupos sociais mais pobres." (Chalhoub, 2001, p. 79-80).[54]

Portanto, o medo de uma possível insurreição por parte dos setores subalternos da população passou a ser combatido por meio da imposição do medo *do* Direito Penal, instrumento de controle e disciplina. Afinal, a eficácia das instituições de controle social

---

[54] Chalhoub (2001, p. 80) também alerta para o fato de que, "já que ideologicamente quase se equivalem os conceitos de pobreza, ociosidade e criminalidade – são todos atributos das chamadas 'classes perigosas' –, então a decantada 'preguiça' do brasileiro, a 'promiscuidade sexual' das classes populares, os seus 'atos fúteis' de violência etc. parecem ser, antes que dados inquestionáveis da 'realidade', construções ou interpretações *das* classes dominantes *sobre* a experiência real de vida dos populares, nem são a única leitura possível desta experiência. Em suma, cabe enfatizar que mitos como a 'preguiça' do brasileiro, o 'promiscuidade sexual' dos populares e outros congêneres são construções das classes dominantes para justificar sua dominação de classe, sendo, então, apenas uma versão ou leitura possível da 'realidade', apresentada de maneira mais ou menos consciente pelos agentes históricos destas classes".

– destaca Neder (1995, p. 33) – "se funda na capacidade de intimidação que estas são capazes de exercer sobre as classes subalternas, mais propensas a cometer 'delitos'".

Assim, a equiparação conceitual equivocada traçada pelas elites do período enfocado entre "pobreza" e "periculosidade" serve como fundamento para, a partir da constatação da pobreza de um indivíduo, inferir sua potencial periculosidade e, portanto, a necessidade de seu constante controle por parte do aparato penal estatal. Segundo Chalhoub (1996, p. 23),

> este é, por exemplo, um dos fundamentos teóricos da estratégia de atuação da polícia nas grandes cidades brasileiras desde pelo menos as primeiras décadas do século XX. A polícia age a partir do pressuposto da suspeição generalizada, da premissa de que todo cidadão é suspeito de alguma coisa até prova em contrário e, é lógico, alguns cidadãos são mais suspeitos do que outros.

Isso fica claro a partir da estatística estabelecida por Neder (1995) com base em um relatório do chefe de Polícia do Rio de Janeiro – então Distrito Federal – do ano de 1907, na qual se verifica que, das 4.058 pessoas que ingressaram na casa de detenção, 3.183 haviam sido condenadas por vadiagem.

E o fato de alguns cidadãos serem considerados "mais suspeitos" do que outros decorre justamente da posição subalterna ocupada pelas massas ex-escravas no período, a demonstrar que o fato de o surgimento do conceito de "classes perigosas" como sinônimo de "classes pobres" coincidir com o período pós-abolição não é, na verdade, pura coincidência, mas decorre justamente de uma necessidade maior de justificar o controle dessa população, já que estava inviabilizado o recurso às políticas de dominação típicas do cativeiro. A "teoria" da "suspeição generalizada" – na expressão de Chalhoub (1996) e Malaguti Batista (2003a) – é então utilizada para levar a cabo esse controle, afinal, "já que não era mais possível manter a produção por meio da propriedade da própria pessoa do trabalhador", a teoria em comento

> passou a fundamentar a invenção de uma estratégia de repressão contínua fora dos limites da unidade produtiva. Se não era mais viável acorrentar o produtor ao local de trabalho, ainda restava amputar-lhe a possibilidade de não estar regularmente naquele lugar. Daí o porquê, em nosso século [XX], de a questão da manutenção da "ordem" ser percebida como algo pertencente à esfera do poder público e suas instituições de controle – polícia, carteira de identidade, carteira de trabalho, etc. Nenhum desses elementos estava no cerne da política de domínio

dos trabalhadores na escravidão; na verdade, até 1871, não existia sequer algum registro geral de trabalhadores. (Chalhoub, 1996, p. 24).

É exatamente essa suspeição generalizada, portanto, que passa a legitimar a histeria das primeiras administrações republicanas no que tange ao controle dos espólios da escravidão, razão pela qual afirma Flauzina (2008, p. 88), que o sistema penal da Primeira República, "como toda a burocracia estatal, cultiva o saudosismo da 'segurança' dos tempos do escravismo".

Daí a razão da truculência voltada à extinção dos cortiços, sendo a destruição do já mencionado "Cabeça de Porco", na ótica de Chalhoub (1996), não um ato isolado, mas sim apenas mais um dos eventos extremamente violentos que se observam no País no combate a esse tipo de moradia, os quais se iniciam por volta de 1870 e se intensificam com o advento da República e o "medo branco" que lhe subjaz. Isso porque os cortiços representavam um importante cenário das lutas dos negros contra a escravidão nas últimas décadas do século XIX,[55] razão pela qual "a decisão política de expulsar as classes populares das áreas centrais da cidade podia estar associada a uma tentativa de desarticulação da memória recente dos movimentos sociais urbanos." (Chalhoub, 1996, p. 26).

O destino dos moradores do Cabeça de Porco, ressalta Chalhoub (1996, p. 17), assim como de outros cortiços exterminados, é ignorado. No entanto, há notícia de que esses moradores começaram a erguer casebres precários em um morro adjacente, que passou a ser denominado "morro da Favela", razão pela qual o referido autor salienta que a destruição deste cortiço configura um marco histórico inesquecível: "nem bem se anunciava o fim da era dos cortiços, e a cidade do Rio já entrava no século das favelas".

Torna-se, assim, possível a afirmação de que as raízes ibéricas do sistema jurídico-penal brasileiro são responsáveis pela cria-

---

[55] A esse respeito, cumpre referir que "a proliferação de cortiços na cidade do Rio se deu a partir das décadas de 1850 e 1860, e esteve ligada ao aumento do fluxo de imigrantes portugueses e ao crescimento do número de alforrias obtidas pelos escravos. Além disso [...], tornava-se cada vez mais comum que os cativos conseguissem autorização de seus senhores para que vivessem 'sobre si', como se dizia na época". Portanto, o autor (1996, p. 29) refere que "o tempo dos cortiços no Rio foi também o tempo da intensificação das lutas dos negros pela liberdade, e isto provavelmente teve a ver com a histeria do poder público contra tais habitações e seus moradores".

ção de uma estrutura punitiva voltada precipuamente contra os setores subalternos da população, considerados enquanto ameaça constante à "ordem" imposta pelos setores dominantes. Os mecanismos de punição privados levados a cabo pelos senhores de escravos para submissão forçada destes ao trabalho, nesse sentido, representam o modelo a ser seguido pelo controle social formal que será instituído no Brasil.

Portanto, o sistema punitivo brasileiro já nasce com uma missão bem definida: segregação e, sempre que esta for insuficiente, eliminação dos riscos representados pela existência das classes perigosas, missão esta que vai seguir imutável por todo o período histórico subsequente e que será implementada com o advento das reformas neoliberais operadas no País no final do século XX e albores do século XXI, como se demonstrará a seguir.

### 2.3. O medo *do* Direito Penal e a implantação (e manutenção) do modelo neoliberal

De acordo com Neder e Cerqueira Filho (2006, p. 19), quando se analisam as instituições do sistema penal brasileiro, verifica-se que a cultura jurídica e política destas instituições não tem sofrido alterações substanciais desde a época da implantação da ordem republicana no país:

> nem mesmo os acalorados debates da Constituinte de 1988, quando as forças do campo democrático experimentaram um momento de muitas vitórias políticas e ideológicas, foram capazes de empreender grandes mudanças na estrutura das instituições policiais e judiciais brasileiras. Saímos da ditadura militar sem uma séria discussão sobre sua reforma e sobre os efeitos políticos e ideológicos da não-mudança nas políticas de segurança pública.

Com efeito, a partir da década de trinta do século XX, em que pese a industrialização do país, verifica-se, no campo penal, reminiscências do período anterior. Isso fica claro, principalmente, a partir da análise do Código Penal de 1940 e do tecninicismo jurídico que lhe subjaz, o qual "circunscreve a atividade do jurista à elaboração e interpretação dos tipos penais." (Flauzina, 2008, p. 89). Ou seja, o tecnicismo jurídico incorporado pelo legislador penal de 1940 "isola o penalista numa torre de marfim", visto que tal expediente metodológico "não passa de um positivismo jurídico legitimador do sistema penal e cego perante seu real desempenho e suas funções." (Batista, 2002, p. 153).

Com isso, a questão da seletividade sociorracial é "varrida para baixo do tapete", uma vez que o tecnicismo ínsito ao Código Penal de 1940 "promove a assepsia completa da raça no texto legal", razão pela qual, mesmo com uma "fachada de neutralidade e objetividade" no que diz respeito à criminalização primária que passa a ser assumida a partir de então, "a arquitetura punitiva elege as agências da criminalização secundária e os redutos da criminalização terciária, como os espaços para reprodução dos mandamentos da criminologia positivista" (Flauzina, 2008, p. 89) anunciada desde o nascimento da República, consoante explicitado no capítulo precedente.

Portanto, mesmo com a "nova roupagem" assumida pelo sistema penal a partir do Código Penal de 1940, o projeto político que orienta a sua atuação segue sendo o mesmo desde a proclamação da República: o controle e o disciplinamento das classes populares – leia-se "perigosas". A única mudança que se verifica é que a seletividade sociorracial ínsita à atuação do sistema punitivo brasileiro, a partir da assepsia da raça no texto legal, tornou-se assunto tabu, diante da construção, a contar da década de vinte do século XX, do mito da existência, no Brasil, de uma "democracia racial" onde todos são iguais e coexistem na mais perfeita harmonia.[56]

Como refere Flauzina (2008, p. 89-90),

---

[56] A esse respeito refere Flauzina (2008, p. 48) que a teoria da harmonia entre as raças, que começa a se consolidar a partir da década de vinte do século XX, representa "uma alternativa de dominação que evitava o confronto direto, preservando as assimetrias raciais. A partir dessa perspectiva, o trato da questão racial se dá pelo avesso, numa dinâmica de silenciamento que impede a enunciação do racismo. Num paradoxo aparentemente insustentável, esse sofisticado mecanismo ideológico fez uma realidade-abismo corresponder a um conto idílico, em que negros e brancos vivem em perfeita harmonia. Daí a necessidade do exclusivismo histórico. Para assegurar uma imagem tão diferente da realidade que lhe dá sustentação, é preciso, a qualquer preço, apagar os vestígios dos processos de subordinação, das forças externas que atuam na perpetuação das desigualdades raciais. O objetivo é inviabilizar a construção de uma história que dê conta das defasagens e dos privilégios, convertendo as desigualdades em sina e, finalmente, apropriando-se das vantagens como direitos".

se a enunciação do racismo foi vedada e todas as suas expressões mais nítidas foram jogadas para baixo do tapete, o discurso racista criminológico não poderia mais ser assumido de maneira aberta. Mesmo assim, seguiu vigoroso na orientação das práticas punitivas na direção dos corpos negros, pelo implícito do formalmente aceito, o subterrâneo das práticas inconfessáveis.

Enfim, como aduz Zaffaroni (2001, p. 40), mesmo não existindo uma formulação teórica latino-americana que explicite publicamente esta tese, expressa-se com sinceridade – mas em voz baixa – em quase todos os círculos acadêmicos que "a lei é boa para conter os excessos, mas só a lei não nos leva a nada porque não se pode acabar com os negros".

Portanto, o tecnicismo jurídico característico do Código Penal de 1940 demonstra que nenhuma mudança radical se operou em relação à seletividade do sistema punitivo brasileiro. Pelo contrário, apenas torna possível a constatação de que ele está *estruturalmente* montado para atuar de forma *seletiva*, uma vez que seus "órgãos executivos têm 'espaço legal' para exercer poder repressivo sobre qualquer habitante, mas operam quando e contra quem decidem." (Zaffaroni, 2001, p. 27).

Em razão disso, pode-se asseverar, de acordo com Andrade (1997), que a tipificação da conduta delituosa não se exaure no momento normativo, nem tampouco a aplicação da norma ao caso concreto constitui um exercício de mera lógica formal; pelo contrário, a lei penal configura um marco abstrato de decisão dentro do qual as agências do sistema penal gozam de uma ampla margem de discricionariedade. Destarte, trata-se de suposição errônea aquela propalada pelo discurso jurídico-penal segundo a qual a prática da infração penal enseja a aplicação automática da pena, isto porque "entre a seleção abstrata, potencial e provisória operada pela lei penal e a seleção efetiva e definitiva operada pelas instâncias de criminalização secundária [polícia, Ministério Público, Poder Judiciário, etc], medeia um complexo e dinâmico processo de refração." (Andrade, 1997, p. 260).

Esta seleção *quantitativa* levada a cabo pelo sistema penal foi revelada principalmente a partir do novo papel relegado ao estudo das estatísticas criminais pela Criminologia Crítica, em especial no que tange à questão da criminalidade de colarinho branco e da cifra oculta da criminalidade. As estatísticas criminais sempre serviram como ponto de apoio das investigações criminológicas, uma vez que revelam a atividade da polícia, do Ministério Público, dos Tribunais e das instituições penitenciárias no "combate à criminalidade". No entanto, com a revelação da criminalidade de colarinho branco e da cifra oculta da criminalidade, passou-se a duvidar do valor de verdade das estatísticas criminais no que pertine à quantificação da criminalidade "real", afinal, constatou-se que "nem todo delito cometido é perseguido; nem todo delito perseguido é registrado; nem todo delito registrado é averiguado pela polícia; nem todo delito averiguado é denunciado; nem toda denúncia é recebida; nem todo recebimento termina em condenação." (Andrade, 1997, p. 262-263).

Assim, antes de se apresentarem como fonte de estudo da criminalidade em si, as estatísticas criminais transformaram-se em um hábil instrumento para a investigação da lógica do controle social levado a cabo pelo sistema penal, uma vez que, a partir da constatação de que elas representam a criminalidade – em especial aquela praticada por pessoas de alto prestígio social, ou seja, a de colarinho branco – de um modo muito inferior à sua cifra oculta, foi possível demonstrar que as sobreditas estatísticas acabam por distorcer a distribuição da criminalidade nos grupos sociais. Em função disso, cria-se uma falsa impressão de que ela é um atributo exclusivo das classes menos privilegiadas, legitimando, consequentemente, a atuação do sistema penal sobre tais estratos sociais (Andrade, 1997).

Infere-se disso que

> o que ocorre é que a criminalização é, com regularidade, desigual ou seletivamente distribuída pelo sistema penal. Desta forma, os pobres não têm uma maior tendência a delinqüir, mas sim a serem criminalizados. De modo que à minoria criminal da Criminologia positivista opõe-se a equação maioria criminal x minoria pobre regularmente criminalizada. (Andrade, 1997, p. 265).

Ademais, ao revelar que a criminalidade real é infinitamente superior àquela apontada pelas estatísticas criminais, o estudo da sua cifra oculta permitiu chegar-se à conclusão fundamental de que a imunidade, e não a criminalização é a regra no funcionamento do sistema penal e que todos os princípios ou valores sobre os quais o sistema se apoia (a igualdade dos cidadãos, a segurança, o direito à justiça, etc) são radicalmente deturpados, na medida em que só se aplicam àquele número ínfimo de situações que são os casos registrados, razão pela qual estes argumentos passaram a ser largamente utilizados pelas correntes abolicionistas, para as quais um sistema que rege apenas casos esporádicos é absolutamente desnecessário (Hulsman, 1993).

Além da seletividade *quantitativa* do sistema penal, que deriva justamente de sua incapacidade operacional de seguir a planificação do discurso jurídico-penal, pode-se falar também em uma seletividade *qualitativa*, ou seja, pautada pela "especificidade da infração e as conotações sociais dos autores (e vítimas), isto é, das pessoas envolvidas." (Andrade, 1997, p. 266).

Com efeito, o fato de a clientela do sistema penal brasileiro ser composta quase que exclusivamente por pessoas pertencentes aos estratos sociais economicamente hipossuficientes – o que leva Flauzina (2008) a falar na monotonia cromática das massas encarceradas e dos corpos caídos no rastro da intervenção do sistema punitivo – demonstra que existe não um processo de seleção de condutas criminosas, mas sim de pessoas que receberão o rótulo de "delinquentes". Tal seletividade qualitativa deve-se ao fato de que, em sociedades desiguais, os grupos detentores da maior parcela do poder possuem a capacidade de impor ao sistema uma impunidade praticamente absoluta das suas próprias condutas criminosas, visto que "os tipos penais têm uma relação direta com os bens jurídicos que as camadas dominantes da sociedade pretendem preservar." (Streck, 1998, p. 37).

Dessa forma,

> enquanto a intervenção do sistema geralmente subestima e imuniza as condutas às quais se relaciona a produção dos mais altos, embora mais difusos danos sociais (delitos econômicos, ecológicos, ações da criminalidade organizada, graves desviantes dos órgãos estatais) superestima infrações de relativamente menor danosidade social, embora de maior visibilidade, como delitos contra o patrimônio, especialmente os que têm como autor indivíduos pertencentes aos estratos sociais mais débeis e marginalizados. (Andrade, 1997, p. 267).

Dado o caráter seletivo com que se dá a atuação das agências que integram o sistema penal, pode-se afirmar que o seu exercício de poder visa, antes do combate à criminalidade, à contenção de determinados grupos humanos que, diante configuração socioeconômica, se traduzem em inconvenientes sociais. Essa seletividade é pautada em estereótipos que, geralmente associados às pessoas mais pobres, reforçam as desigualdades sociais, uma vez que operam claramente em benefício das pessoas que exibem os estigmas da respeitabilidade dominante e em desvalor dos que exibem os estigmas da associabilidade e do crime (ou seja, das chamadas "classes perigosas") (Andrade, 1997).

Diante de tais constatações, refere Andrade (1997) que a criminalidade é imputada aos estratos economicamente hipossuficientes da sociedade mediante juízos atributivos que são realizados a partir dos processos de criminalização primária e secundária, ou seja, através da definição dos bens jurídicos a serem protegidos e dos comportamentos ofensivos a estes bens – os quais são predominantemente relacionados às formas de desvio típicas das classes desfavorecidas, em detrimento daqueles que dizem respeito a bens e valores como a vida, a saúde, etc. –, bem como da seleção dos indivíduos que serão criminalizados dentre todos aqueles que praticarem tais comportamentos, quais sejam, os oriundos dos níveis mais baixos da escala social, como consequência lógica da criminalização primária. Destarte, o etiquetamento do indivíduo enquanto delinquente está intrinsecamente relacionado à posição social por ele ocupada, de forma que, segundo a lição de Baratta (2000, p. 32),

> las personas vulnerables y sin ningún poder social que sufren lesiones de sus derechos económicos y sociales (derechos "débiles", como señala la teoría de los derechos fundamentales), por parte del Estado o de la sociedad, se convierten de tal modo en potenciales agresores de los derechos fuertes (integridad física, derecho de propiedad) de los sujetos socialmente más protegidos.

Um perfeito retrato desta seletividade do sistema punitivo brasileiro, aliada ao tecnicismo jurídico com que se dá a atuação dos seus agentes, encontra-se no documentário *Justiça* (2004), da diretora Maria Augusta Ramos. Na primeira e impactante cena do filme, a câmera posicionada em uma sala de audiência do Foro Central do Rio de Janeiro presencia um interrogatório cujo "roteiro" parece ter sido concebido por Kafka. O réu, em uma cadeira de rodas, uma perna amputada e a outra seriamente comprometida "por um problema nas artérias", responde às perguntas do juiz, atônito diante da acusação pela prática de furto mediante escalada (!). O fato de ter sido preso em "flagrante" pela polícia torna despiciendo afirmar que o acusado se trata de um homem jovem, pobre e negro, que estava passando pelo local onde três "elementos" – essa é a expressão utilizada pelo próprio réu – haviam acabado de furtar uma residência. Ou seja, era muito provável para os agentes policiais que um homem jovem, pobre e negro, ainda que preso a uma cadeira de rodas, fosse o autor do crime de furto qualificado pela escalada do muro da residência.

O juiz, na referida cena, do alto da sua torre de marfim – na expressão de Batista (2002) –, após interromper arbitrariamente a narrativa do réu com um sinal de "pare" com a mão esquerda e um lacônico "tá bom", dita para o escrevente a "versão oficial dos fatos" que integrará os autos do processo. Após perguntar ao acusado "o que você faz da vida" – ou seja, após verificar se diante de si encontrava-se um "vadio" –, o magistrado traduz a trágica história do acusado, permeada por arbitrariedades e violência policial, da seguinte forma: "que não é verdadeira a acusação (ponto e vírgula) que não praticou o fato narrado na denúncia (ponto e vírgula) que não conhecia os três elementos que passaram correndo".

E o encerramento apoteótico da cena, antes de aparecer com letras garrafais no centro da tela a palavra que dá nome ao documentário, ocorre quando o juiz finalmente se dá conta da situação do acusado: ao pedir ao magistrado "autorização" para transferência para um hospital, visto que estava em uma cela superlotada (79 presos) do "xadrez", onde sequer conseguia evacuar sem ser humilhado pelos companheiros de cela – porque precisava se arrastar pelo chão –, o réu é inquirido pelo juiz: "o que você tem, tá doente?". Após tomar ciência do estado de saúde do réu – e mais: saber que ele já se encontrava naquele estado quando da sua prisão em "flagrante" – o juiz salienta a necessidade de recomendação médica para que ele possa deferir a requerida remoção para um hospital, premiando os espectadores com a frase: "isso é assunto médico, não é assunto de juiz".

Do até aqui exposto, torna-se possível afirmar que, no Brasil, se pune não para defender a sociedade do mal representado pela criminalidade, através da prevenção geral ou especial de novas condutas delitivas, mas sim para se conformar cada estrato social no lugar que lhe é atribuído pelo sistema de produção vigente e o código social por ele instituído.

Isso resta transparente também a partir da clara opção do legislador penal de 1940 em privilegiar a proteção à propriedade privada – interesse maior das hegemonias conservadoras – em detrimento da própria pessoa humana. Sobre o tema, dentre outros exemplos trazidos por Streck (1998, p. 31), destacam-se as seguintes incongruências do referido texto legal:

> o ato de alguém furtar uma bolsa, um relógio ou uma camisa, será apenado, de acordo com o artigo 155 do Código Penal, com uma pena que varia de um a quatro anos de reclusão e multa. Paradoxalmente, se o furto de um bem móvel recebe do Estado uma punição tão drástica, o mesmo não se pode dizer no tocante à integridade física do cidadão. Com efeito, a ofensa à integridade corporal é sancionada pelo Código Penal com a pena de três meses a um ano de detenção, a qual, na prática, dificilmente ultrapassa a seis meses, resultando, simplesmente, em substituição por multa, em geral não mais do que algumas dezenas de reais. Já o abandono de uma criança recém-nascida, tipificado no artigo 134 do Código Penal, sujeita o infrator a uma pena que varia de seis meses a dois anos. Desse modo, a simples subtração de um relógio é castigada com o dobro do rigor do que o abandono de um infante.

Este interesse patrimonialista do legislador penal de 1940 também faz com que se perceba, de acordo com o referido autor (1998), que não é gratuita a inclusão do crime de estupro no título dos crimes contra os costumes, e não contra a pessoa, bem como o latrocínio ser classificado como crime contra o patrimônio, e não contra a vida.

Portanto, o Código Penal de 1940, em vigor por mais de cinco décadas, traz consigo, por trás da máscara de "neutralidade" do tecnicismo jurídico, toda a carga de preconceito racial ínsita à sociedade brasileira escravocrata, o que se revela precipuamente com a seletividade criminalizante do sistema punitivo que a partir dele se estrutura.

E com as reformas neoliberais que se verificam na sociedade brasileira nas últimas décadas, essa seletividade assume proporções incomensuráveis, visto que, a partir delas, se somam à população historicamente perseguida pelo sistema punitivo na condição de espólio da escravidão os contingentes populacionais que são banidos do mercado de trabalho e da sociedade de consumo porque não dispõem de meios de participação efetiva. Ou seja, são consumidores falhos para os quais só resta a segregação, tanto pela via da marginalização social e espacial, quanto por meio do encarceramento em massa e da eliminação pura e simples a partir da intervenção violenta do sistema punitivo, conforme já salientado no capítulo 2.

Com efeito, em que pese o Brasil ser uma das dez economias do mundo e ter uma Constituição extremamente avançada, dados estatísticos revelam que mais de vinte milhões de pessoas vivem abaixo da linha da indigência, ao passo que mais de cinquenta milhões vivem abaixo da linha da pobreza. Constata-se assim que não se vislumbra no País, não obstante a positivação dos direitos sociais no Texto Constitucional, a implementação de serviços e políticas públicas em um patamar mínimo para a concretização efetiva desses direitos em igualdade de condições para todos os cidadãos, o que expõe a flagrante contradição que há entre a pretensão normativa dos Direitos Fundamentais Sociais e o fracasso evidente do Estado enquanto provedor dos serviços essenciais para a vasta maioria da população (Krell, 2002).

Dita situação é agravada em função das reformas neoliberais pelas quais passa o Brasil desde a década de 80 do século passado. Tal processo foi marcado pelas privatizações, pelos cortes nos gastos públicos na área social e pela instituição de privilégios aos setores financeiros vinculados aos interesses internacionais. Vislumbra-se, portanto, uma substituição do Estado keynesiano por um modelo de Estado que Wacquant (2007, p. 31) denomina de "neo-darwinista", uma vez que se baseia na competição e celebra a responsabilidade individual irrestrita, tendo como contrapartida a irresponsabilidade coletiva, ou seja, política.[57]

Neste sentido, alerta Streck (2008a) para as consequências nefastas do "enxugamento" do Estado Providência em decorrência do avanço das políticas neoliberais em países que, como o Brasil, não tiveram um modelo de Estado tal. Para o autor (2008a, p. 25-26), em decorrência justamente da grande desigualdade social ainda existente no Brasil, apresenta-se o seguinte dilema: "quanto mais necessitamos de políticas públicas, em face da miséria que se avoluma, mais o Estado, único agente que poderia erradicar as desigualdades sociais, se encolhe!"

Diante do quadro que se apresenta, verifica-se uma verticalização crescente do tecido social, a partir da qual os setores hegemônicos tendem a se tornar cada vez mais ricos, uma vez que desfrutam das oportunidades disponibilizadas pela ampliação dos mercados, enquanto os estratos economicamente hipossuficientes mergulham cada vez mais na miséria, o que é agravado pelo fato

---

[57] Para o referido autor (2007, p. 35), desvaloriza-se "o ponto de vista sociológico – implicitamente denunciado como desmobilizador e 'desresponsabilizante', portanto, infantil e mesmo 'feminilizante' –, substituindo-o pela retórica viril da lealdade e da responsabilidade pessoais, feita sob medida para desviar a atenção da retirada do Estado das frentes econômica, urbana, escolar e da saúde pública".

de estarem destituídos de sistemas públicos de proteção social. Daí a afirmação de Streck (2008a, p. 24) no sentido de que "no Brasil, a modernidade é tardia e arcaica": as promessas da modernidade ainda não se cumpriram no País e, mesmo diante desse quadro, a solução paradoxal apresentada pelo *establishment* é o retorno ao Estado neoliberal.

Decorrência disso é que "as promessas da modernidade só são aproveitadas por um certo tipo de brasileiros. Para os demais, o atraso! O *apartheid* social!" (Streck, 2008a, p. 27).[58] Tem-se, portanto, a marginalização social de grandes contingentes populacionais, o que se torna flagrante a partir da análise dos cinturões de pobreza das grandes cidades brasileiras, que dispensa maiores esforços no sentido de demonstrar que há um projeto de expulsão da pobreza dos centros urbanos, assim como aconteceu no período de implantação da ordem republicana, a exemplo do episódio da destruição do cortiço "Cabeça de Porco", analisada no capítulo precedente, que resultou na expulsão das pessoas que ali habitavam para as encostas dos morros.

A estética das grandes cidades brasileiras demonstra que enquanto os bairros centrais são valorizados e se transformam em objeto de investimentos urbanísticos, as áreas marginais são caracterizadas pela crescente degradação, transformando-se em áreas de "risco" responsáveis por gerar um crescente e difuso sentimento de medo. A ampliação do número de integrantes das "classes perigosas" em decorrência da pauperização e do enxugamento do Estado de bem-estar – se é que é possível falar, no Brasil, em enxugamento de um modelo de Estado que nunca existiu –, e a sua acumulação em "áreas de risco", transforma-as em um "gigantesco Zumbi" – na expressão de Malaguti Batista (2003a) – que assombra a "civilização", legitimando "a engenharia de um controle penal cada vez mais sofisticado." (Flauzina, 2008, p. 99).

Esse controle das classes perigosas por meio do Direito Penal rearma-se diante do processo de expansão vivenciado por esse ramo do Direito diante dos "medos" da contemporaneidade, mui-

---

[58] Streck (2008a) exemplifica o quadro esboçado, citando dados da exclusão social no país, que apontam que cinco mil famílias "muito ricas", que representam 0,001% do total de famílias do Brasil, reúnem um patrimônio que monta em 46% do PIB nacional.

tos deles frutos justamente da pauperização decorrente do esvaziamento do conteúdo social do Estado.

E se a sociedade de risco obriga as pessoas a conviverem com um profundo e difuso sentimento de medo e insegurança, a detecção de uma fonte para tal sentimento é medida que se impõe, como forma de explicar o fracasso representado pelo reconhecimento de que a tão esperada "segurança absoluta" que norteou o desenvolvimento das sociedades modernas simplesmente não existe. Como destaca Bauman (2009, p. 15), quando percebemos que não iremos alcançar esta segurança completa, "só conseguimos explicar o fracasso imaginando que ele se deve a um ato mau e premeditado, o que implica a existência de algum delinquente".

Quer dizer, precisamos de um "culpado", de um "bode expiatório", uma vez que "tendemos a imaginar maquinações hostis, complôs, conspirações de um inimigo que se encontra em nossa porta ou embaixo de nossa cama." (Bauman, 2009, p. 15). Diante desse desamparo, "concentrar o medo numa parte da população que pode ser nomeada, reconhecida e localizada é absolutamente estratégico", uma vez que "parece não haver alternativa na administração do medo privatizado que leve às suas causas reais, que são difusas e globalizadas." (Malaguti Batista, 2003a, p. 97-98).[59] Por isso, não causa espanto o fato de que, em uma sociedade como a brasileira, este "culpado" pela frustração de nossas expectativas seja buscado dentre os setores subalternos, fonte inesgotável de insegurança desde os primórdios da história do País.

Surgem, portanto, a partir do quadro esboçado, as novas "classes perigosas" brasileiras, compostas por aquelas pessoas que, segundo Bauman (2009, p. 22), passam a ser

> consideradas incapacitadas para a reintegração e classificadas como *não-assimiláveis*, porque não saberiam se tornar úteis nem depois de uma "reabilitação". Não é correto dizer que estejam "em excesso": são *supérfluas* e excluídas *de modo permanente* (trata-se de um dos poucos casos permitidos de "permanência" e também dos mais ativamente encorajados pela sociedade "líquida").

---

[59] Para a referida autora (2003, p. 99), "se a incerteza generalizada é produzida por entidades difusas, empresas extra-territoriais, o pedófilo ou o traficante estão ali mesmo ao alcance da mão. Interessa à classe política desviar a atenção das causas mais profundas da incerteza. Estas classes políticas pouco podem fazer contra elas. Mas contra os desocupados, os imigrantes indesejáveis, os criminosos, ainda há um terreno fértil de captação de votos".

São, portanto, os consumidores falhos os representantes atuais das classes perigosas, uma vez que são carecedores do dinheiro necessário para a inclusão e ao mesmo tempo criam uma demanda que não pode ser atendida de maneira lucrativa pela indústria do consumo, pois dependem de uma responsabilidade pública que cada vez mais se esvai. Ao passo que "os consumidores são os principais ativos da sociedade de consumo [...], os consumidores falhos são os seus passivos mais irritantes e custosos." (Bauman, 2005, p. 53).

A pobreza não configura mais uma reserva de mão de obra barata. Ela é uma massa de indivíduos sem destino, porque absolutamente inúteis. São seres supérfluos, e a possibilidade de sua inclusão é remota, o que os transforma em fontes de riscos para os incluídos. Afinal, "num mercado totalmente organizado em torno da procura do consumidor", em um contexto social onde o que importa é "manter essa procura permanentemente insatisfeita", cria-se como critério de "reordenamento" social "a aptidão e a capacidade de consumo", razão pela qual os consumidores falhos passam a ser considerados enquanto "novos impuros". É por isso que eles precisam ser segregados, inocuizados, afastados dos consumidores, enfim, destituídos de poder, de forma a manter incólume a "pureza da vida consumista" (Malaguti Batista, 2003a, p. 79).

Com isso, a fantasia absolutista de um controle absoluto dos corpos indóceis de que fala Neder (1995; 2007) é repristinada na contemporaneidade a cada intervenção do sistema penal brasileiro sobre sua clientela preferencial. Afinal, se o medo é inserido *no* Direito Penal em decorrência dos novos riscos ínsitos à sociedade contemporânea, e se grande parte desses riscos – em especial no que diz respeito à questão da "falta de segurança" – provém das classes perigosas, é sobre estes consumidores falhos que deve incidir o controle por meio da lei, e sempre que possível pelo setor repressivo da lei, representado pelo Direito Penal. Ou seja, ao passo que se exige mais segurança no sentido de incremento das liberdades do consumidor, exige-se "lei e ordem" para as vítimas do processo de privatização e desregulamentação do Estado.

Não se pode olvidar, que, dentre as estratégias de que lançam mão as sociedades contemporâneas para tratar aquelas situações e/ou condutas que consideram indesejáveis, ofensivas ou ameaçadoras à "ordem", identificadas por Wacquant (2007, p. 21) como sendo a *socialização*, a *medicalização* ou a *penalização* dos conflitos sociais, esta última serve como instrumento de encobrimento ou invisibilização dos problemas sociais a respeito dos quais o Estado já não pode mais ou não se preocupa mais em tratar de forma mais profunda. Por essa razão, a prisão passa a servir como "lata de lixo judiciária em que são lançados os dejetos humanos da sociedade de mercado".

Há, portanto, como se procurou demonstrar no capítulo 2, uma relação de complementaridade entre a destruição do Estado Social – que no Brasil não passou de um mero simulacro, como aduz Streck (2008a) – e a hipertrofia do Estado Penal.[60] Para Malaguti Batista (2003a, p. 79-80), "as políticas de segurança 'tolerância zero' e suas versões miméticas tupiniquins são prova viva disso, na busca da ordem urbana contra a impureza dos camelôs, flanelinhas e mendigos".

Com efeito, há no Brasil um modelo de ordenamento social onde à delinquência levada a cabo pelas classes perigosas é atribuído o papel de criação de medo e insegurança e "isto significa construir um consenso social através do medo e da insegurança visando a adoção de políticas repressivas e opressoras contra as classes populares e segmentos não privilegiados." (Dornelles, 2008, p. 37-38).

É necessário, portanto, impor o medo *do* Direito Penal, uma vez que a partir do momento em que o Estado se exime de suas tarefas de agente social do bem-estar, abre-se a necessidade de novas iniciativas do seu aparato repressivo em relação àquelas condutas transgressoras da "ordem" perpetradas pelos grupos que ameaçam esta "ordem". Outrossim, impõem-se iniciativas por parte do Estado que respondam às demandas das classes que se integram à esta "ordem" no sentido de se sentirem mais seguras em tal contexto (Dornelles, 2008).

---

[60] Como destaca Wacquant (2007, p. 48), "se as mesmas pessoas que exigem um Estado mínimo, a fim de 'liberar' as 'forças vivas' do mercado e de submeter os mais despossuídos ao estímulo da competição, não hesitam em erigir um Estado máximo para assegurar a 'segurança' no quotidiano, é porque *a pobreza do Estado social sobre o fundo da desregulamentação suscita e necessita da grandeza do Estado penal*. É porque esse elo causal e funcional entre os dois setores do campo burocrático é tanto mais forte quanto mais completamente o Estado se livra de qualquer responsabilidade econômica e tolera, ao mesmo tempo, um elevado nível de pobreza e uma pronunciada ampliação da escala das desigualdades".

Uma análise desse fenômeno no Brasil pode ser feita a partir da histórica diferenciação dual de nossa sociedade em *pessoas* e *indivíduos* referida por DaMatta (1997, p. 218), para o qual é como se houvesse duas bases a partir da qual o sistema é pensado:

> no caso das leis gerais e da repressão, seguimos sempre o código burocrático ou a vertente impessoal e universalizante, igualitária, do sistema. Mas, no caso das situações concretas, daquelas que a "vida" nos apresenta, seguimos sempre o código das relações e da moralidade pessoal, tomando a vertente do "jeitinho", da "malandragem" e da solidariedade como eixo de ação. Na primeira escolha, nossa unidade é o *indivíduo*; na segunda, a *pessoa*. A pessoa merece solidariedade e um tratamento diferencial. O indivíduo, ao contrário, é o sujeito da lei, foco abstrato para quem as regras e a repressão foram feitas.

O conceito de indivíduo está associado à impessoalidade, ao passo que o conceito de pessoa está associado às relações de amizade, de parentesco, de "conhecimento". Nessa relação, o indivíduo recebe o tratamento impessoal da lei, ao passo que a pessoa, por suas relações, recebe um tratamento privilegiado. Com isso, na realidade brasileira tem-se "um universo formado de um pequeno número de pessoas, hierarquizado, comandando a vida e o destino de uma multidão de indivíduos, esses que devem obedecer à lei." (DaMatta, 1997, p. 231).

No círculo das pessoas, "todos se conhecem, todos são 'gente', todos se respeitam e nunca ultrapassam seus limites." (DaMatta, 1997, p. 232). No círculo dos indivíduos, impera a impessoalidade das leis em sua aplicação prática. As leis "servem para ordenar o mundo massificado dos indivíduos, a quem elas se aplicam de modo integral, e para quem – afinal – foram feitas." (DaMatta, 1997, p. 235). Dessa forma, na dicotomia pessoa/indivíduo, "receber a letra fria e dura da lei é tornar-se imediatamente um indivíduo. Poder personalizar a lei é sinal de que se é uma pessoa." (DaMatta, 1997, p. 237).

O fato de essa diferenciação entre pessoas e indivíduos existir desde o período colonial é responsável por um processo de naturalização das diferenças, o que redunda na compreensão de que a condução do sistema social, ou seja, a direção do mundo e a introdução das ideologias que deverão orientá-lo/modificá-lo é responsabilidade das "pessoas", ao passo que as ideologias que permeiam o mundo dos "indivíduos" são vistas como ingênuas e indignas de crédito. Em razão disso, torna-se possível afirmar que a relação entre pessoas e indivíduos é orientada por uma rígida hierarquia a partir da qual aquelas, por serem "superiores" e saberem "o que é bom", são responsáveis pela condução do destino dos indivíduos (DaMatta, 1997). Com isso,

> a absoluta maioria da sociedade passa a acreditar que existe uma ordem de verdade, na qual cada um tem o seu "lugar (de)marcado". Cada um "assume" o "seu" lugar. Essa maioria, porém, não se dá conta de que essa "ordem", esse "*cada-um-tem-o-seu-lugar*" engendra a verdadeira violência simbólica da ordem social, bem para além de todas as correlações de forças que não são mais do que a sua configuração movente e indiferente na consciência moral e política. (Streck, 2008a, p. 27-28).

E essa naturalização das diferenças é reforçada pelas políticas de controle social implantadas a partir do modelo neoliberal que, na lição de Dornelles (2008, p. 35), "buscam 'fazer parecer normal' a desigualdade, justificando e legitimando um tratamento desigual e excludente", ou seja, "visam, em última instância, a 'incapacitação', a 'desqualificação' dos segmentos sociais não integrados ou não integráveis ao mercado".

Portanto, é contra os "indivíduos" – leia-se os consumidores falhos da sociedade brasileira contemporânea – que o sistema penal se volta, de forma a manter incólumes os interesses das "pessoas" que ocupam espaços privilegiados de poder. E os discursos do "risco" e da "insegurança", da "crescente criminalidade", enfim, os *slogans* preferidos pelos defensores da "lei e da ordem" e da diferenciação entre "pessoas" e "inimigos", responsáveis pelas reformas penais a exemplo das referidas no introito deste capítulo, servem tão somente para legitimar, por meio de equiparações conceituais equivocadas, a intervenção do sistema punitivo contra estes alvos preferenciais, ou seja, contra a "dimensão não tecnológica da sociedade de risco", sob influência do paradigma da segurança cidadã.

Em outras palavras, o medo inserido *no* Direito Penal serve para legitimar e reforçar a imposição do medo *do* Direito Penal aos setores subalternos. Com efeito,

> empurrados para fora de um mercado de trabalho a que já tinham pouco acesso, os segmentos vulneráveis têm sua biografia praticamente interditada nos espaços cada vez mais rígidos da legalidade. As alternativas a que se lançam, para sobreviver na informalidade, são alvo de controle incisivo. É justamente em torno dos espólios desse mercado de trabalho que o sistema penal se movimenta, a partir de

uma lógica em que a hierarquia racial da pobreza garante o perfil dos indivíduos a serem entregues ao aparato punitivo dentro dos estereótipos historicamente consagrados. (Flauzina, 2008, p. 100).

Assim, o medo é gerenciado pelo empreendimento neoliberal no sentido de criar um ambiente propício para uma atuação do sistema penal pautada na administração, controle e eliminação dos setores da população em desafeto com os interesses hegemônicos, viabilizando a reprodução das assimetrias estruturais inerentes à formação da sociedade brasileira (Flauzina, 2008).

Malaguti Batista (2005, p. 370) destaca, nesse sentido, o caráter paralisante do medo, ao afirmar que

> nos medos de ontem, como nos de hoje, não se questiona a violência de uma sociedade tão desigual e tão rigidamente hierarquizada, mas proclama-se por mais pena, mais dureza e menos garantias no combate ao que ameaça, criando uma espiral aparentemente infinita que vai afastando cada vez mais o debate das questões nodais da história do Brasil: igualdade, liberdade, acesso à terra, direitos, enfim, o protagonismo econômico, social e cultural do povo brasileiro.

No que tange à diferenciação entre o tratamento dispensado às "pessoas" e aos "indivíduos", aos "consumidores" e aos "consumidores falhos", pelo Direito Penal brasileiro, um primeiro exemplo pode ser buscado na Lei n. 9.099/95, que instituiu os denominados Juizados Especiais Criminais, voltados àqueles que Flauzina (2008, p. 101) denomina de "consumidores em potencial", os quais, em razão disso, "devem ser poupados dos rigores do encarceramento", porque são úteis ao sistema. Para eles, criou-se o instituto da transação penal (art. 76). É também para eles que se autoriza a substituição das penas privativas de liberdade de até quatro anos em delitos cometidos sem violência ou grave ameaça, de acordo com a Lei n. 9.714/1998, que alterou a redação do art. 44 do Código Penal.

Da mesma forma, o tratamento diferenciado entre "pessoas" e "indivíduos" resta claro no caso da sonegação de tributos, crime cuja pena prevista no art. 1º da Lei n. 8.137/1990 é de reclusão de dois a cinco anos e multa. Além de possuir pena menor do que a prevista para um simples furto cometido por dois "indivíduos" (cuja pena varia entre dois e oito anos de reclusão), a "pessoa" que sonega tributos – crime com consequências sociais bem mais severas do que o furto – tem ainda a benesse prevista no art. 9º da Lei n. 10.684, qual seja, a prerrogativa de pagar ou parcelar o débito com os cofres públicos eximindo-se, assim, do crime, mesmo que o faça depois do recebimento da denúncia pelo Ministério Público.

Outro exemplo claro de diferenciação entre "pessoas" e "indivíduos" decorre da análise dos crimes de corrupção passiva e ativa, previstos nos arts. 317 e 333 do Código Penal, respectivamente. Por se tratarem de crimes em regra cometidos por "pessoas", a pena mínima prevista para estes delitos equivale à pena prevista para um furto simples cometido por dois "indivíduos" em concurso, qual seja, dois anos de reclusão.

Para as pessoas, portanto, abre-se a possibilidade de "dar um jeitinho" para escapar da punição, ao passo que para os "indivíduos" só resta o rigor da lei, sem qualquer perspectiva de personalização. Nesse sentido, tem-se, por exemplo, a Lei n. 9.034/95, que impede a concessão de liberdade provisória e a apelação em liberdade para os membros do "crime organizado" – sem que haja no Brasil tipificação do que seja "crime organizado" –, além das técnicas investigativas altamente lesivas às liberdades e garantias fundamentais do cidadão instituídas por esta lei.

Mesmo a transação penal instituída pela Lei n. 9.099/95 não será aplicada aos indivíduos, uma vez que dificilmente seus "antecedentes", "conduta social" e "personalidade", assim como os "motivos e circunstâncias", indicarão ser "necessária e suficiente a adoção da medida" (art. 76, § 2º, inciso III).

É também para estes "consumidores falhos" que se volta o chamado "regime disciplinar diferenciado" instituído pela Lei n. 10.792/2003, que, como já referido, traduz-se em uma modalidade de pena cruel que tem por objetivo claro a inocuização dos indivíduos *suspeitos* – e essa é a redação da lei – de pertencerem a "organizações criminosas".

Dentre outros tantos exemplos, Flauzina (2008, p. 101) ainda recorda da Lei n. 11.343/06, a "lei de tóxicos", que, "atendendo às demandas de imunização dos usuários de drogas ilícitas das classes médias, aumenta a pena mínima para o ilícito do tráfico, arrefecendo os termos do controle para os grupos marginalizados". Esta seletividade criminalizante em relação às drogas, como bem aponta a pesquisa elaborada por Malaguti Batista (2003b) no Rio de Janeiro, deixa claro que há uma opção por parte do sistema penal em atribuir aos jovens das classes média e alta o papel de "consumidores", ao passo que aos jovens negros, pobres e favelados é reservada a alcunha de "traficantes". Nesse aspecto, a referida autora aponta para o fato de que, enquanto para os jovens pobres foram criados instrumentos de controle por meio do sistema penal – como a liberdade assistida e os serviços psicoterapêuticos paralelos à internação –, opta-se, quando se trata de jovens oriundos das classes média e alta, pelo reenvio às famílias e pelo acompanhamento médico em clínicas particulares.

Segundo DaMatta (1997, p. 217) trata-se da aplicação do

> velho e querido ditado brasileiro: "Aos inimigos a lei, aos amigos, tudo!" Ou seja, para os adversários, basta o tratamento generalizante e impessoal da lei, a eles aplicada sem nenhuma distinção e consideração, isto é, sem atenuantes. Mas, para os amigos, tudo, inclusive a possibilidade de tornar a lei irracional por não se aplicar evidentemente a eles.

Chega-se, portanto, à conclusão de que há um sistema penal de dupla face: "para os consumidores, alternativas à privação de liberdade, transação penal, suspensão condicional do processo, e diversos outros dispositivos para que ele possa cumprir sua pena no *shopping*, com ou sem pulseira eletrônica"; para os consumidores falhos, o "encarceramento neutralizante." (Batista, 2002, p. 155).

Assim, o consumidor é o "bom delinquente", que deve ser preservado dos malefícios do "contágio prisional", sendo que sua eventual condenação a poucos dias de encarceramento cumpre tão somente com a função ideológica de demonstração de isonomia, de forma a contornar a percepção cada vez mais aguda da seletividade do sistema penal. O consumidor falho, por sua vez, é o "mau delinquente", é o infrator perigoso, uma vez que só se converte em consumidor em decorrência do produto do crime. Para ele, vale o argumento da segurança, da segregação, e não se cogita falar em "contágio prisional", pois ele é o "verdadeiro objeto do sistema penal." (Batista, 1997a).

Outrossim, da análise dessas alterações legislativas, resta claro que o "crime organizado" e o "tráfico", ou seja, a macrocriminalidade, representam as justificativas ideológicas de todo um processo de reforma legislativa em prol do recrudescimento punitivo em face deste tipo de criminalidade. No entanto, o que ocorre na realidade brasileira é que dito recrudescimento punitivo não opera contra a macrocriminalidade, mas incrementa a persecução penal às classes populares. Como destaca Batista (2002, p. 148), o estatuto criminal da droga inventou um motivo fantasticamente plástico, capaz de substituir a guerra fria na realocação imperialista de continentes suspeitosos, capaz de conceder uma sobrevida à medicalização da conduta infracional que nem o positivismo criminológico mais estulto jamais imaginara, capaz de reinventar o sabá depois do iluminismo, porém principalmente capaz de alavancar doses gigantescas de vigilância e controle social penal sobre os filhos da pobreza, os únicos que se dispõem aos riscos letais que este comércio ilegal acarreta.

E é exatamente neste ponto que a dimensão desumana do processo de expansão do Direito Penal brasileiro se revela: a partir da justificativa ideológica – amparada nos discursos da "lei e ordem" e do "direito penal do inimigo" – de combate ao "crime organizado" e ao "narcotráfico", o sistema punitivo busca inspirar a confiança dos setores hegemônicos da sociedade, e, para isso, se rearma na "luta" contra seu alvo preferencial histórico, representado pelas classes subalternas, cujos contingentes crescem assustadoramente diante do avanço do neoliberalismo e da precarização das condições sociais decorrentes de um modelo de Estado cada vez mais cauíla em termos de bem-estar social.

Como destaca Baratta (2000), ao passo que o Estado deixa de garantir a segurança dos direitos de um certo número de "sujeitos" vulneráveis, pertencentes a grupos sociais marginais, a política criminal os reencontra como "objetos" de uma certa forma de política social, que não busca garantir seus direitos, mas sim reforçar a segurança de suas vítimas potenciais. Com isso,

> el Estado interviene, a través de la prevención social, no tanto para realizar su propio deber de prestación respecto de los sujetos lesionados, sino para realizar, con acciones preventivas que se agregan a aquellas represivas el propio deber de protección (más propiamente: de prestación de protección) respecto de los sujetos débiles, considerados como factores de riesgo. Estamos en presencia de una sobreposición de la política criminal a la política social, de una "criminalización" de la política social. (Baratta, 2000, p. 32).

Hoje, como no período de implantação da ordem burguesa no País, as elites conservadoras utilizam-se da disseminação do medo e da insegurança diante da possibilidade do "caos" representado pelo avanço do "crime organizado" e do "narcotráfico", para detonar estratégias de disciplinamento e neutralização das massas empobrecidas. O que interessava no período da implantação da ordem republicana no Brasil era reprimir a "vadiagem" para garantir que a ordem burguesa e a vontade das elites se concretizassem, diante do "medo branco" de uma possível insurreição escrava. Hoje, o que interessa é a manutenção do modelo neoliberal de ordenação da sociedade, e, para tanto, a repressão aos "traficantes" é a justificativa encontrada para a inocuização dos setores que ameaçam esse modelo, porque são absolutamente supérfluos e porque sua existência somente serve para onerar os cofres públicos.

Daí a afirmação de Malaguti Batista (2003a) no sentido de que no Brasil as classes dominantes sempre se utilizaram do medo como estratégia para a derrota das forças populares, associando suas vitórias ao caos e à desordem. Para a referida autora (2005, p. 369),

> a difusão do medo do caos e da desordem tem sempre servido para detonar estratégias de disciplinamento e controle das massas populares. O tipo de ordenamento introduzido pela escravidão em nossa formação socioeconômica não foi abalado nem pelo fim da escravidão, nem pela República, nem na "transição democrática" com o fim da ditadura militar implantada após o golpe de 1964.

Portanto, longe de corresponder à plataforma que a sustenta, qual seja, a perseguição dos grandes produtores e comerciantes dos produtos ilícitos, o tráfico de drogas é uma atividade que, por sua grande penetração no imaginário como atividade altamente reprovável, serve de sustentáculo ideológico para o avanço do controle penal sobre os alvos efetivos do sistema (Malaguti Batista, 2003a).[61] Com isso, o sistema penal brasileiro encontrou "efetivamente, nesse domínio, a nova desculpa para prosseguir com a velha batalha." (Flauzina, 2008, p. 104).

É em virtude disso que, à pergunta sobre qual é o "inimigo" atual do Direito Penal brasileiro, sobre qual é a fonte maior do "medo" e da "insegurança" que legitimam as reformas legislativas rumo a um recrudescimento punitivo cada vez maior, ter-se-á como resposta, com pequenas variações, uma descrição desse "inimigo" nos seguintes termos: "um jovem negro, funkeiro, morador de favela, próximo do tráfico de drogas, vestido com tênis, boné, cordões, portador de algum sinal de orgulho ou de poder e de ne-

---

[61] A esse respeito, cumpre salientar que, de acordo com Wacquant (2007, p. 29), "não foi tanto a criminalidade que mudou no momento atual, mas sim *o olhar que a sociedade dirige para certas perturbações da vida pública*, isto é, em última instância, *para as populações despossuídas e desonradas* (pelo seu estatuto ou por sua origem) que são os seus supostos executores, para o local que elas ocupam na Cidade e para os usos aos quais essas populações podem ser submetidas nos campos político e jornalístico".

nhum sinal de resignação ao desolador cenário de miséria e fome que o circunda. A mídia e a opinião pública destacam o seu cinismo, a sua afronta", e, com isso, legitima-se o discurso segundo o qual ditos "inimigos" "não merecem respeito ou trégua, são sinais vivos, os instrumentos do medo e da vulnerabilidade, podem ser espancados, linchados ou torturados. Quem ousar incluí-los na categoria cidadã estará formando fileiras com o caos e a desordem, e será também temido e execrado." (Malaguti Batista, 2003b, p. 36).

Demonstra-se, assim, que o fato de o sistema penal brasileiro voltar-se majoritariamente contra os setores subalternos da população para reprimi-los e subjugá-los, infundindo-lhes o terror, serve para garantir a manutenção de uma ordem social pautada em uma rígida hierarquização, em que, em decorrência da naturalização das desigualdades sociais, pergunta-se, por meio da intervenção truculenta do sistema punitivo em face daqueles que ousam questionar a ordem social: "você sabe com quem está falando?" Nesse sentido, torna-se possível falar em uma construção imagética do terror da pena e dos agentes do sistema penal, tema objeto do capítulo que segue.

## 2.4. "Você sabe com quem está falando?": a construção imagética do medo *do* Direito Penal

A seletividade que pauta a atuação dos órgãos que integram o sistema penal brasileiro, conforme se procurou evidenciar no capítulo precedente, demonstra que a principal função por ele desempenhada na contemporaneidade não é diversa daquela que sempre desempenhou na sociedade brasileira: servir como instrumento de controle e de disciplina das classes subalternas, infundindo-lhes terror, de forma a preservar a segurança e os interesses das classes hegemônicas.

Nesse sentido, torna-se possível também a afirmação de que a difusão contemporânea de imagens de "caos urbano" e de "guerra social generalizada", principalmente pelos meios de comunicação de massa, está associada à necessidade da classe hegemônica exercer o seu poder de dominação das classes subalternizadas. Quer dizer, a hegemonia depende da criação de uma atmosfera de medo dos "pobres", dos "criminosos", dos "negros favelados", enfim, depende da criação da imagem das "classes perigosas", dos "inimigos internos", de forma a justificar, no bojo do discurso do paradigma da segurança cidadã, a necessidade de o sistema punitivo se "rearmar" de forma a manter um controle eficiente sobre essa clientela.

A propósito, deve-se levar em consideração o fato de que, como nos lembra Bauman (2009, p. 55), "o 'capital do medo' pode ser transformado em qualquer tipo de lucro político ou comercial", uma vez que "a exposição das ameaças à segurança pessoal é hoje um elemento determinante na guerra pelos índices de audiência dos meios de comunicação de massa (incrementando assim o sucesso dos dois usos, político e mercadológico, do capital medo)".

Com efeito, é o discurso construído a partir do capital do medo que permite a criação de equiparações conceituais equivocadas, que justificam a utilização de elementos extraídos do discurso jurídico-penal voltado à macrocriminalidade para incrementar a persecução à criminalidade tradicional, consoante o explanado no capítulo 6. Assim, o discurso ideológico de prevenção e combate ao crime organizado, ao tráfico de drogas, enfim, às novas formas assumidas pela criminalidade, serve para encobrir o controle e a disciplina exercidos principalmente em relação àquela parcela da população tradicionalmente perseguida pelo sistema punitivo brasileiro.

Tem-se, então, no medo, um instrumento de criação de consenso em torno das práticas do bloco dominante do poder, que permite a reprodução, no marco da escala de valores dominantes, das relações de (re)produção do *status quo* social brasileiro. Trata-se de um discurso que parte da ideia da existência do "caos", apontando para a necessidade de restabelecimento da "ordem", colocando como pressuposto para a consecução deste objetivo a "guerra" contra os responsáveis pela desordem.

E, em um ambiente de "guerra", concessões à violência do Estado contra os "inimigos" são feitas, o que leva Copetti (2000, p. 66) a asseverar que

as lesões, os homicídios, as sevícias, os tormentos, as torturas, os castigos físicos, as violências sexuais, praticadas quando os perseguidos encontram-se nas mãos do Estado, revelam a existência de uma violência institucionalizada, cujo ocultamento torna-se cada vez mais uma atividade de extrema dificuldade para os componentes do *establishment* estatal penal. Dentre estes fatos, o mais notório é a morte, e a deslegitimação do discurso e do sistema penal por ele proporcionada ultrapassa os limites teóricos, não só pela sua fácil percepção, mas, principalmente, porque atinge diretamente a consciência ética humanista.

Em um contexto tal, assevera Batista (1997b, p. 129), torna-se possível falar em uma "política criminal com derramamento de sangue", afinal, quando se constata que a polícia executa, mensalmente, um número constante de pessoas, bem como que ditas pessoas possuem uma mesma extração social, faixa etária e etnia, "não se pode deixar de reconhecer que a política criminal formulada para e por essa polícia contempla o extermínio como tática de aterrorização e controle do grupo social vitimizado".

Efetivamente, os setores estigmatizados da população brasileira são as principais vítimas das políticas de "lei e ordem" e de "caça ao inimigo", o que resta claro a partir da forma como ocorrem as incursões policiais nos bairros populares e o clima bélico que lhes subjaz, tornando possível equipará-las às invasões militares contra um território estrangeiro ou uma zona de guerra. Por meio dessas operações policiais, o Estado busca reafirmar sua autoridade com intensidade, e para esse objetivo vale tudo: tropas derrubando portas de casas e intimidando seus moradores ao atirar indiscriminadamente, escolas fechadas, humilhações públicas e prisões ilegais, execuções sumárias, restrições arbitrárias à livre circulação, etc, tudo ao som de "cânticos de guerra" do tipo daqueles entoados pelo Batalhão de Operações Especiais da Polícia carioca, trazidos ao conhecimento do "grande público" por Soares *et al* (2006, p. 8):

> Homem de preto,
> qual é sua missão?
> É invadir favela
> e deixar corpo no chão.
>
> Alegria alegria,
> sinto no meu coração,
> pois já raiou um novo dia,
> já vou cumprir minha missão.
> Vou me infiltrar numa favela
> com meu fuzil na mão,
> vou combater o inimigo,
> provocar destruição.

Diante deste contexto, Neder (1994) salienta que a difusão de imagens do terror como espetáculos de sangue é fundamental para a disseminação do medo. Para a referida autora (1994), o sistema penal brasileiro sempre trabalhou com a produção imagética do terror, o que pode ser visto como uma "bagagem" das imagens de morte e terror trazidas pela Inquisição ibérica.

Essas imagens constroem alegorias do poder que garantem uma forma de organização social rígida e hierarquizada, na qual "as classes subalternas mais que compreender, a nível da razão, foram (e seguem sendo) levadas a ver e a sentir o seu lugar na estrutura social." (Neder, 1994, p. 9). Quer dizer, alegorias do poder são construídas por meio das imagens para difusão de medo e terror. E é justamente em virtude disso que "os novos inimigos da ordem pública (ontem terroristas, hoje traficantes) são submetidos diuturnamente ao espetáculo penal, às visões de terror dos motins penitenciários e dos corredores da morte." (Malaguti Batista, 2003a, p. 84).

Neder (1994, p. 20) faz uma interpretação analógica entre os efeitos de internalização ideológica da teatralidade do poder nas praças públicas – a exemplo dos autos de fé da Inquisição – com o papel desempenhado na contemporaneidade pela imprensa sensacionalista que explora, estampando-o em bancas de jornais, o terror dos corpos mutilados:

> se os autos-de-fé constituíram-se em momentos de purificação da fé, representavam também situações onde expunham-se as atrocidades possíveis de serem praticadas (mutilações, fogueiras, etc) geralmente contra grupos étnico-culturais marginalizados, excluídos (judeus, hereges e bruxas). Presentemente, pensamos que à medida em que as estratégias de controle social autoritárias, que organizavam o *modus vivendi* na cidade e o *modus operandi* nas instituições de controle social formal (Polícia e Justiça), vêm-se esgotadas com o alargamento das conquistas democráticas, esta imprensa sensacionalista está a cumprir um papel inibidor-repressivo, exibindo um horror cotidiano. Com a produção imagética do terror apresentando diariamente mutilações e com a presença de um discurso minudente, detalhista, das atrocidades sofridas pelo "condenado", a *banca de jornal* como a *praça* oferece às classes subalternas, comprovadamente consumidoras preferenciais desta imprensa sensacionalista (de mau gosto para as elites), elementos de controle social informal, de alguma forma eficaz.

Em função do até aqui exposto, Malaguti Batista (2003a, p. 34) afirma que "a produção imagética do terror cumpre então um papel disciplinador emergencial. A ocupação dos espaços públicos pelas classes subalternas produz fantasias de pânico do 'caos social', que se ancoram nas *matrizes constitutivas* da nossa formação ideológica". Se as classes subalternas vêm avançando e ocupando os espaços públicos destinados somente aos "incluídos", é necessário impor limites, mostrar a que elas estão sujeitas caso insistam em ultrapassar as fronteiras socialmente instituídas, enfim, mostrar-lhes que seguem rígidas as barreiras da hierarquização social.

A imposição do medo *do* Direito Penal cumpre, portanto, com essa função, diante de uma realidade social pautada por aquilo a que Bauman (2009) denomina de "mixofobia" – medo de misturar-se –, muito bem ilustrada, no Brasil, a partir de episódios como os famosos "arrastões" nas praias cariocas na década de 1990, assim como de fatos isolados e *sui generis*, como, por exemplo, a "invasão" de um *shopping center* carioca por integrantes do Movimento dos Trabalhadores Sem-Teto no ano 2000.[62] A forma como ditas "invasões" desses espaços "seguros" destinados aos "consumidores" foram tratados pelas autoridades de segurança e pela mídia é um exemplo de como o sistema penal reage diante de eventuais afrontas à ordem pelas classes subalternas, impondo-lhes o medo como forma de mantê-las no lugar que lhes foi destinado pela estrutura social.

Da mesma forma, eventos como aquele que ficou conhecido como o "Massacre do Carandiru", em 1992, que resultou na morte de 111 presos da casa de Detenção de São Paulo, e as recentes e constantes invasões de favelas cariocas em nome da "guerra contra os traficantes", demonstram que a violência e a truculência por parte dos agentes do sistema penal são legitimadas quando se trata de imposição da "ordem" às classes subalternas.

E o espetáculo produzido pela mídia em torno do terror produzido pelo sistema penal diante desses casos serve para produzir efeitos de intimidação e desmobilização política sobre essa população, o que fica evidenciado a partir da análise feita por Neder (2009, p. 22-23) de duas imagens emblemáticas divulgadas pela imprensa brasileira:

> as imagens transmitidas pela TV, no Brasil, e a reprodução das fotos em jornais do mundo inteiro dos presos do Complexo do Carandiru nus no pátio do Cadeião de São Paulo, deitados para serem revistados num século XXI recém-iniciado, guar-

---
[62] Para uma visão mais completa de como ditos episódios foram tratados pela mídia e pelo sistema punitivo, ver Malaguti Batista (2003a).

dam estreita relação com uma outra foto de uma revista individual feita pela polícia do Rio de Janeiro, publicada em cores no jornal *O Globo*, em 26 de maio de 1995. Trata-se de um jovem afro-descendente, mantido sob a mira da metralhadora de um policial ninja (o policial usa um capuz preto que lhe deixa à mostra somente os olhos e a boca); o rapaz está nu, agachado, com as calças nos tornozelos, a cabeça coberta por um boné, num beco da favela da Mangueira. Em ambas as imagens – dos presos do Carandiru e do jovem mangueirense – vemos corpos nus e em posição subjugada. O impacto das duas imagens (tanto das centenas de corpos dos presos no Carandiru, quanto do rapaz, individual) produz o mesmo efeito ideológico inibidor-repressivo (Foucault, 1979) e intimidação difusa e generalizada.

A mídia, assim, pode ser vista, no Brasil, como um grande instrumento de propaganda do sistema penal, sendo, portanto, elemento indispensável para o seu exercício de poder, afinal, como assevera Zaffaroni (2001), sem os meios de comunicação de massa, a população, por meio da experiência direta da realidade social, constataria a falácia dos discursos justificadores da atuação do sistema, razão pela qual não seria possível induzir o medo no sentido desejado, tampouco reproduzir os fatos conflitivos interessantes de serem reproduzidos em cada conjuntura, quer dizer, no momento mais favorável ao poder das agências do sistema penal. Desse modo, trabalhando com o "capital do medo", os meios de comunicação de massa são responsáveis pelo desencadeamento de campanhas de "lei e ordem" sempre que o poder configurador do sistema punitivo encontra-se ameaçado.

Neste diapasão, torna-se possível retomar a distinção estabelecida por DaMatta (1997) entre pessoas e indivíduos para demonstrar a utilização, pelo sistema penal brasileiro, de uma forma interrogativa típica de uma estrutura social pautada nessa diferenciação. Trata-se do "sabe com quem está falando?"

Sem dúvida, a violência ínsita a cada intervenção do sistema punitivo brasileiro contra sua clientela habitual, a exemplo dos casos acima citados, demonstra a preocupação com a manutenção da "ordem". Quer dizer, ao demonstrar às classes subalternas "com quem elas estão falando", o sistema punitivo, por meio de um "ritual de reforço"[63] que inclui a sua divulgação *ad nauseam* pela mídia, traz às consciências populares as diferenças necessárias às

---

[63] Para DaMatta (1997), os ritos de ordem ou de reforço são aqueles em que são celebradas relações sociais, mantendo-se suas diferenças e hierarquias. Tais rituais reforçam de forma taxativa quem são os atores e espectadores, e não há a menor possibilidade de troca de lugares.

rotinas sociais em situações em que a igualdade é intolerável (DaMatta, 1997).

Se se acredita, como já referido por Streck (2008a), que existe uma "ordem" de verdade na qual cada um tem o seu lugar social demarcado, o "sabe com quem está falando" serve para reafirmar essa ordem sempre que ameaçada. E a produção imagética do terror, nesse sentido, é um exemplo claro disso.

Por outro lado, deve-se asseverar, de acordo com o já referido no capítulo 4, que o capital do medo também desempenha um importante papel político, quando manipulado pelo legislador no sentido de demonstrar em termos populistas (e, portanto, simbólicos) que "algo está sendo feito" no combate à criminalidade. Com isso, por meio de legislações de exceção, fere-se de morte os princípios que regem o Direito Penal em um Estado Democrático de Direito, a fim de tranquilizar a população em face da insegurança, reafirmando, assim, a confiança nas instituições estatais.

Busca-se, assim, apenas dar a uma população cada vez mais atemorizada diante do medo generalizado da violência e das inseguranças da sociedade líquida pós-moderna uma sensação de "tranquilidade", restabelecendo a confiança no papel das instituições e na capacidade do Estado em combatê-los por meio do Direito Penal. Não se buscam, portanto, medidas eficientes no controle da violência ou da criminalidade, mas tão somente medidas que "pareçam" eficientes e que, por isso, tranquilizam a sociedade como um todo.

Resultado desse processo, como se procurará demonstrar a seguir, é a flexibilização das tênues barreiras que aprisionam o Estado de polícia encapsulado – na expressão de Zaffaroni (2007) – no seio de todo e qualquer Estado Democrático de Direito histórico (concreto).

### 2.5. O reforço da "cápsula de contenção" do Estado de polícia como missão do Direito Penal no Estado Democrático de Direito brasileiro

O fenômeno expansivo que o Direito Penal brasileiro experimenta na contemporaneidade, assentado no discurso (simbólico) da necessidade de combate às novas formas assumidas pela criminalidade – a exemplo do crime organizado e do narcotráfico –, não consegue ocultar a clara opção do sistema punitivo pátrio em perseguir, controlar e estigmatizar as camadas subalternas da população. Tal realidade revela-se precipuamente a partir da atuação truculenta dos órgãos que o integram, lastreada no discurso construído a partir do paradigma da segurança cidadã, tratado no capítulo 6.

Nesse sentido, pode-se afirmar que a ética deslegitimante do sistema penal brasileiro estabelece-se principalmente a partir da percepção dos próprios *fatos* decorrentes da atuação dos órgãos que o compõem. Tais fatos constituem verdadeiros "choques com a realidade" e, em virtude disso, não podem ser negados, não obstante as manobras discursivas empreendidas pelo discurso jurídico-penal com este escopo. De acordo com Zaffaroni (2001, p. 39),

> a magnitude do *fato da morte*, que caracteriza o exercício de poder de nossos sistemas penais,[64] pode ocultar-se das instâncias conscientes mediante algumas resistências e negações introjetadas. No entanto, não é possível impedir totalmente sua captação, por mais intuitiva e defeituosa que seja, em nível de *consciência ética*.

Em face da realidade operativa do sistema penal, o discurso jurídico que o sustenta não consegue mais ocultar sua falsidade ao lançar mão de "seu antiquado arsenal de racionalizações reiterativas": ele "se desarma ao mais leve toque com a realidade." (Zaffaroni, 2001, p. 12).[65]

---

[64] O autor faz referência, aqui, aos sistemas penais latino-americanos como um todo.

[65] Zaffaroni (2001, p. 124-125) justifica o porquê dessas afirmações: "há mortes em confrontos armados (alguns reais e a maioria simulada, ou seja, fuzilamento sem processo). Há mortes por grupos parapoliciais de extermínio em várias regiões. Há mortes por grupos policiais ou parapoliciais que implicam a eliminação de competidores em atividades ilícitas (disputa por monopólio de distribuição de tóxicos, jogo prostituição, áreas de furtos, roubos domiciliares, etc.). Há 'mortes anunciadas' de testemunhas, juízes, fiscais, advogados, jornalistas, etc. Há mortes 'exemplares' nas quais se exibe o cadáver, às vezes mutilado, ou se enviam partes do cadáver aos familiares, praticadas por grupos de extermínio pertencentes ao pessoal dos órgãos dos sistemas penais. Há mortes por erro ou negligência, de pessoas alheias a qualquer conflito. Há mortes do pessoal dos próprios órgãos do sistema penal. Há alta freqüência de mortes nos grupos familiares desse pessoal cometidas com as mesmas armas cedidas pelos órgãos estatais. Há mortes pelo uso de armas, cuja posse e aquisição é encontrada permanentemente em circuns-

Diante dessa constatação, visando ao resgate da sua credibilidade, o discurso jurídico-penal cada vez mais se utiliza de mecanismos de negação da crise, por meio de delimitações discursivas arbitrárias que acabam por ratificar a sua falsidade, ao distanciá-lo da realidade, produzindo, assim, uma "estranha esquizofrenização do saber jurídico, que se erige num campo esotérico carente de contato com a realidade e que se inventa até limites nos quais o jurista fica reduzido a um racionalizador dos conteúdos verdadeiramente delirantes do legislador." (Zaffaroni, 2001, p. 42).

Nesse rumo, o recrudescimento punitivo ancorado no aparecimento/desenvolvimento da macrocriminalidade, a partir de equiparações conceituais equivocadas elaboradas à luz do paradigma da segurança cidadã, na verdade apenas serve para encobrir – em âmbito discursivo – o incremento da persecução penal às classes populares, colimando o seu controle e disciplina, de forma a preservar os interesses das classes hegemônicas. E o caráter desumano desse discurso, a sua perversidade, decorre do fato de que essas equiparações conceituais equivocadas são geradas a partir de discursos altamente repressivistas e violadores dos mais comezinhos direitos fundamentais – a exemplo da negação da condição de "pessoa" a determinados indivíduos –, como é o caso do Direito Penal do Inimigo.

A partir da análise histórica acima esboçada, procurou-se demonstrar que, na realidade brasileira, o sistema punitivo sempre buscou a contenção dos estratos sociais inconvenientes aos interesses das classes detentoras do poder econômico e, portanto, fonte constante de medo e insegurança, tanto que designados como "classes perigosas". O que ocorre na contemporaneidade é apenas uma mutação dos rótulos empregados para justificar esse exercício de poder: o "vadio" perseguido no período de implantação da ordem burguesa no País transmutou-se no "traficante" que legitima a intervenção violenta do sistema punitivo contra a mesma cliente-

tâncias que nada têm a ver com os motivos dessa instigação pública. Há mortes em represália ao descumprimento de palavras dadas em atividades ilícitas cometidas pelo pessoal desses órgãos do sistema penal. Há mortes violentas em motins carcerários, de presos e de pessoal penitenciário. Há mortes por violência exercida contra presos nas prisões. Há mortes por doenças não tratadas nas prisões. Há mortes por taxa altíssima de suicídios entre os criminalizados e entre o pessoal de todos os órgãos do sistema penal, sejam suicídios manifestos ou inconscientes. *Há mortes...*".

la. Vale, para tanto, frisar que o episódio da destruição do cortiço Cabeça de Porco não guarda muitas diferenças com as recentes incursões policiais nos morros cariocas, por exemplo.[66]

O agravamento deste quadro ocorre com a avalancha legislativa penal que o neoliberalismo provoca, como forma de substituir a omissão do Estado na implementação de políticas sociais públicas pelo incremento da intervenção punitiva. Com efeito, a impotência do Estado em face de fenômenos como a polarização social e a concorrência entre grupos de poder torna necessária a invenção de novas formas de disciplinamento e de legitimação do seu poder.

Em um contexto tal, o sistema punitivo se aproveita deste *vacuum potestatis*, apropriando-se dos espaços livres e, com isso, deixa

---

[66] Preciosa síntese desse processo de mutação de rótulos é elaborada por Neder (1995, p. 153-154): "o fim da capoeiragem desmantelou a organização original, coletiva – que ameaçava a imposição da disciplina e a inculcação da ideologia burguesa de trabalho. Porém, aqueles elementos pitorescos que estariam a configurar uma certa maneira de ser e de fazer as coisas, incorporados ao cotidiano e produzindo efeitos histórico-ideológicos na formação social, são preservados.
Da 'capoeira', o 'malandro' herda a malícia, a astúcia, a 'gatunagem', o gingado, enfim, a possibilidade de usar o próprio corpo para sair de situações difíceis. Distintamente do 'capoeira', entretanto, o 'malandro é solitário, significando uma resistência individual e individualizada pela 'ordem'. [...] Apesar da valorização do trabalho, que acompanha a formação do mercado de trabalho capitalista, abre-se um espaço para a sobrevivência do 'malandro'. Em termos prospectivos, podemos observar que a força do desenvolvimento do capitalismo no Brasil nas duas últimas décadas do século XX 'desocupou' o espaço até então permitido à 'malandragem'. Assim, a reprodução do proletariado no Brasil tem colocado a questão dessa resistência individual à ordem nas mãos de novos agentes históricos: os 'bandidos'. Ou seja, a forma pela qual se afirmou o capitalismo no Brasil, sobretudo depois do golpe militar de 1964, levou a que o modo de produção capitalista aprofundasse sua predominância sobre as formas não-capitalistas de existência social, aprofundando, e também aprimorando, os mecanismos extra-econômicos que pressionam a reprodução do proletariado. Dessa forma, ou bem se está arregimentado neste mercado de trabalho, totalmente desprovido de meios de produção e subsistência, ou pega-se em armas – tornando-se *bandido*. Do 'malandro', o 'bandido' herda a malícia, a astúcia, o gingado e a possibilidade de usar o próprio corpo, maleável e ágil, em diferentes situações. Desapareceu a 'gatunagem', onde pequenos furtos eram realizados (galinhas, ferramentas diversas). Aos marginalizados, o capitalismo não coloca outra opção que não a de pegar em armas, realizar assaltos, acompanhados de assassinatos e estupros. Mesmo assim, os 'bandidos' indicam uma resistência individual à 'ordem', porque foram configurados historicamente dentro de um processo de criminalização que visou, e visa ainda, individualizar as manifestações de conflito dentro da sociedade de classes".

de lado seu caráter subsidiário, ou seja, de *ultima ratio* – de acordo com a concepção liberal clássica –, para se converter na *prima ratio*, quer dizer, em uma panaceia com a qual se pretende enfrentar os mais diversos problemas sociais. De tal modo, o Direito Penal transforma-se ao mesmo tempo em um instrumento *repressivo* – o que se revela a partir do aumento da população carcerária, bem como da elevação qualitativa e quantitativa dos níveis da pena privativa de liberdade – e *simbólico* – o que se revela a partir da proliferação das já referidas "leis manifesto", manipuladas pela classe política como resposta às acusações feitas pela mídia de "afrouxamento" do sistema punitivo na sua tarefa de "combate ao crime". Resultado disso é a configuração de uma espécie de "Direito Penal Mágico", cuja principal função parece ser o "exorcismo" (Baratta, 2000).

Isso representa um grave risco para os direitos humanos e para as garantias penais e processuais do cidadão, bem como um desvirtuamento do papel do Direito Penal em um Estado Democrático de Direito, uma vez que se cria uma relação inversa entre tais garantias e a busca constante por mais "segurança", ou seja, em nome de uma eficácia repressiva, entende-se necessário e razoável sacrificar ou pelo menos mitigar as garantias fundamentais. E esse discurso que contrapõe a eficácia às garantias, segundo Zúñiga Rodríguez (2005, p. 102), não constitui nenhuma novidade, visto que a história conhece muitos discursos similares, sustentados ora na ideologia da "segurança cidadã", ora na "manutenção da ordem pública", ora na "luta contra o inimigo", ora na "guerra preventiva", etc, de forma que, no final das contas, "hoy igual que ayer el Derecho Penal segrega y excluye a los sectores más desfavorecidos de la Sociedad, supuestamente legitimado por dichos discursos".

Como assevera Daunis Rodríguez (2005), o legislador estatal encontra-se disposto a incorporar na legislação penal mais delitos, penas mais duras e regras mais severas, sem atentar para os princípios e garantias penais e processuais, com o objetivo simbólico de conseguir uma maior eficiência em face da criminalidade e uma maior segurança cidadã. Intenta-se fazer a resposta punitiva mais eficiente e mais rápida, limitando ou suprimindo garantias substanciais e processuais estabelecidas a partir da tradição do Direito Penal liberal, o que representa, segundo Baratta (2000, p. 41), um retorno às formas de processo pré-modernas, onde "el proceso crea la prueba, el proceso crea el criminal, el proceso es la pena principal".

Por conseguinte, na ótica do referido autor (2000, p. 41), chega-se a um "modelo totalitário de política criminal", a uma espécie de "suave inquisição", em conflito latente com o sistema liberal e democrático correspondente à legalidade constitucional.

Dessa forma, a partir dos exemplos legislativos já referidos, torna-se possível a afirmação de que o legislador brasileiro ainda não assimilou o fato de que as normas penais devem estar construídas sob forte base de garantias, o que significa que os preceitos incriminadores devem respeitar os direitos e garantias fundamentais preconizados pela Constituição Federal. Tal fato deve-se, em grande parte, à influência da mídia no processo de criação de medo e alarma social em relação à criminalidade, conduzindo o legislador a encontrar soluções ora altamente repressivistas, ora meramente simbólicas, para o problema, olvidando-se dos fundamentos que conferem racionalidade às leis penais em um Estado Democrático de Direito: o respeito às garantias fundamentais do cidadão, assim como à efetividade, que não pode ser suplantada por uma noção de mera eficiência.[67]

Nesse sentido, torna-se possível afirmar que o Direito, em um Estado Democrático de Direito, não cumpre mais com uma função de ordenação (como na fase liberal), ou apenas de promoção (como

---

[67] Segundo Zúñiga Rodríguez (2009), não se deve confundir efetividade da lei penal com eficientismo, isto é, com o pragmatismo utilitarista que se impôs na legislação penal, nas quais se aproveitam as demandas de lei e ordem, construídas por meios dos meios de comunicação, para dar respostas simbólicas de maior intervenção penal. Estas medidas não só não correspondem aos princípios básicos da consideração do Estado de Direito (proporcionalidade), como também não são efetivas, posto que não logram nenhum fim preventivo real. Sobre o tema, Hassemer (1995, p. 81) salienta que "en la contraposición entre eficiencia y conformidad al estado de derecho del derecho penal se debería dejar támbien abierta la cuestión de que es lo que debería razonablemente entenderse por *eficiencia*. Según mi impresión, la comprensión que se tiene es más bien de corto alcance y de carácter criminalístico: esclarecimiento y condena de hechos punibles. Uma comprensión más exigente de la eficiencia, que incluya al afectado por el derecho penal y se pregunte qué efectos tienen determinadas medidas penales sobre la conciencia de la población, en muchos casos podría llegar a la conclusión de que solamente el derecho penal conforme con el estado de derecho y el derecho procesal resultan eficientes a largo plazo: minimizan las consecuencias negativas y fomentan las buenas consecuencias".

na fase do Estado de Bem-estar Social), sendo "mais do que um *plus* normativo em relação às fases anteriores, constituindo-se em um elemento qualificativo para a sua própria legitimidade, uma vez que impulsiona o processo de transformação da realidade." (Streck, 2008b, p. 279).

Ou seja, o Estado Democrático de Direito pretende superar os modelos de Estado Liberal e Social, adotando, do primeiro, a ideia de Estado de Direito, isto é, de Estado governado pelo Direito emanado da vontade geral (art. 1º, parágrafo único, CF), em contraposição a um Estado Absolutista, a fim de cumprir com a exigência de defesa da sociedade em face do arbítrio estatal, o que se pretende conseguir por meio da técnica formal da divisão dos poderes e do princípio da legalidade. Já em relação ao Estado Social, adota-se a perspectiva segundo a qual devem ser quebradas as barreiras que separam Estado e sociedade, quer dizer, o Estado é erigido à condição de "motor ativo" da vida social, sendo chamado a modificar efetivamente as relações sociais.

Portanto, o Estado Democrático de Direito incorpora os núcleos liberal e social, juntamente com um projeto de sociedade e de democracia positivado constitucionalmente. Visa, assim, a atender princípios como os da constitucionalidade, democracia, sistema de direitos fundamentais, justiça social, divisão de poderes, legalidade, segurança e certeza jurídica, para que se possa buscar a menor desigualdade possível entre a coletividade (Bolzan de Morais, 1996).

Como salienta Mir Puig (1994, p. 33-34),

> la fórmula "Estado social y democrático de Derecho" supone no solo la tentativa de someter la actuación del Estado social – a la que no se quiere renunciar – a los límites formales del Estado de Derecho, sino también su orientación material hacia la democracia real. Se pretende, por esta vía, acoger una modalidad de Estado social – esto es, que tome partido efectivo en la vida social – al servicio de todos los ciudadanos. En cuanto social y democrático, tal Estado deberá crear condiciones sociales reales que favorezcan la vida del individuo, pero para garantizar el control por el mismo ciudadano de tales condiciones deberá ser, además, un Estado democrático *de Derecho*. El carácter democrático de esse Estado aparece vinculado, pues, a la síntesis del Estado social y del de Derecho, y expresa tanto la necesidad de libertad "real" – oponiéndose a que el "Estado social" dirija sólo su intervención en beneficio de ciertos grupos – como "formal" – cerrando el paso a la posibilidad de un "Estado de Derecho" no controlado por todo el pueblo – para los ciudadanos.

Como síntese do exposto, portanto, cumpre salientar a lição de Zaffaroni (2007, p. 169), no sentido de que "os Estados de direito não são nada além da contenção dos Estados de polícia, penosamente conseguida como resultado da experiência acumulada ao longo das lutas contra o poder absoluto". Quer dizer, o pacto social da modernidade, o Direito moderno e suas Constituições, estão umbilicalmente ligados ao intento de conter a guerra, de civilizar e submeter a regras institucionais os conflitos políticos e sociais (Baratta, 2000).

Com efeito, de acordo com Zúñiga Rodríguez (2001, p. 27), o reconhecimento dos direitos fundamentais e a construção do conceito de Estado Democrático de Direito que o acompanha, como paradigmas do Direito legítimo, podem ser tidos como a mais importante invenção do Ocidente e a mais louvável conquista do ser humano, uma vez que os direitos fundamentais e o conceito de Estado de Direito "constituyen ideales con una legitimación axiológica capaz de oponerse a cualquier forma de opresión social e individual en el mundo".

Nesse rumo, a condição de validade e eficácia do pacto social assentado no reconhecimento dos direitos fundamentais e no Estado Democrático de Direito é a limitação da violência graças ao monopólio legítimo do uso da força por parte de um Estado imparcial. No entanto, deve-se atentar para o fato de que as "couraças" que aprisionam o Estado de polícia no seio do Estado de Direito não o eliminaram de forma absoluta, apenas o encapsularam, razão pela qual "o Estado de polícia que o Estado de direito carrega em seu interior nunca cessa de pulsar, procurando furar e romper os muros que o Estado de direito lhe coloca." (Zaffaroni, 2007, p. 170).

Em virtude disso, afirma Baratta (2000) que o Direito moderno, na intenção de conter a violência, acaba na maioria das vezes por ocultá-la, excluindo do pacto social os sujeitos débeis, tornando juridicamente invisível a desigualdade e a violência estrutural na sociedade.

Na expressão de Zúñiga Rodríguez (2001, p. 26), a legalidade formal se olvidou do aspecto material dos direitos. Significa isso que o mito do formalismo jurídico, "el dominio de la legitimidad fundamentado en las formas jurídicas, en la validez formal de la norma, al resultar una abstracción total de la realidad, encubrió la desigualdad material que yacía – y aún permanecen – en las relaciones sociales". Nesse sentido, a assepsia racial do texto do Código Penal brasileiro, consoante o explicitado no capítulo 9, configura um exemplo claro desse ocultamento da violência estrutural na realidade brasileira.

Em virtude do exposto, pode-se afirmar que o Estado de Direito histórico, qual seja, o Estado de Direito concreto, realizado no mundo, não pode nunca ser igual ao modelo ideal, justamente porque conserva em seu interior, encapsulado, o Estado de polícia. É por isso que, em determinados momentos históricos, quando os conflitos sociais assumem uma dimensão de guerra civil, assiste-se a um recíproco condicionamento entre a forma bélica de pensamento e de ação e as formas próprias da reação punitiva, fenômeno que, segundo Baratta (2000), não se produz somente nos processos de criminalização informal, mas também nos processos institucionais próprios de um sistema penal (paralelo) que acompanha de maneira natural os conflitos armados. Em um contexto tal,

> la fuerza del orden y el sistema penal legal asumen la forma de la guerra; al mismo tiempo, el *momento penal* se dilata desproporcionadamente, englobando las actitudes y las prácticas de las formaciones militares y paramilitares, de los grupos armados y de las organizaciones terroristas o criminales. (Baratta, 2000, p. 39).

Esse condicionamento recíproco entre guerra e pena, entre violência armada e violência punitiva, tende a desaparecer na medida em que os conflitos diminuem e se localizam no tempo e no espaço. O sistema punitivo legal, então, se sobrepõe ao sistema paralelo (Baratta, 2000).

Quer dizer, quanto maior a capacidade de contenção do Estado de polícia pelo Estado de Direito, mais próximo se estará do modelo ideal. No entanto, somente uma "aproximação" é possível, uma vez que o modelo ideal de Estado de Direito, lembra Zaffaroni (2007, p. 169-170), "embora seja indispensável como farol do poder jurídico, não é nada além de um elemento orientador para o aperfeiçoamento dos Estados de direito históricos ou reais, mas que nunca se realiza plenamente no mundo".

Nessa constante busca pela aproximação ao modelo ideal de Estado de Direito, exsurge como principal função a ser desempenhada pelo Direito Penal "a redução e a contenção do poder punitivo dentro dos limites menos irracionais possíveis", já que "o Direito Penal é um apêndice indispensável do direito constitucional do Estado de direito, o qual se encontra sempre em tensão dialética com o Estado de polícia." (Zaffaroni, 2007, p. 172).

Ou seja, a capacidade do Estado de Direito de exercer um controle efetivo sobre o sistema penal paralelo é condição necessária para a *normalização* do sistema penal legal. Somente assim é possível impedir a continuidade da guerra e permitir que os conflitos sociais e políticos sejam resolvidos de forma não violenta. Logo, "la normalidad del sistema penal es una consecuencia de la validez ideal y del respeto efectivo del pacto social y, por consiguiente, de la vigencia de la Constitución." (Baratta, 2000, p. 39).

Portanto, o Direito Penal deve sempre caminhar rumo ao Estado de Direito ideal, visto que, ao deixar de fazê-lo, o Estado de polícia avança, como se tem observado na realidade brasileira, na qual, a partir dos discursos de recrudescimento punitivo que vêm pautando a atuação do sistema punitivo, verifica-se que se está olvidando da função de contenção do Estado de polícia, abrindo espaço para o avanço do poder repressivo sobre todos os cidadãos, em um ambiente onde a forma bélica de pensamento prepondera e onde se percebe um processo de criminalização dos conflitos sociais, ou seja, de leitura dos conflitos a partir do código binário crime/pena (Baratta, 2000).

O Direito Penal, nesse contexto, não pode ser neutro: deve ser parcial, e em qualquer circunstância deve estar a serviço da contenção das pulsões absolutistas do Estado de polícia. Em outras palavras, deve estar sempre ao lado do Estado de Direito, uma vez que, enquanto teoria jurídica, não pode separar-se da prática sem que isso represente um inadmissível risco de desequilíbrio. Ao Direito Penal é proibido renunciar à responsabilidade política na dialética permanente de todo Estado de Direito histórico (Zaffaroni, 2007).

Ocorre que, como se procurou demonstrar ao longo deste trabalho, esquece-se, no debate jurídico-penal brasileiro, assim como no debate mundial, do fato de que em um Estado Democrático de Direito a atividade penal estatal somente pode ser desenvolvida como *ultima ratio* na proteção dos bens jurídicos mais relevantes, a partir de prévia autorização e regulamentação legal, ou, nas palavras de Daunis Rodríguez (2005), esquece-se da "regra de ouro" que legitima a intervenção do legislador penal em um ambiente tal, qual seja: a verificação da *capacidade*, da *necessidade* e do *merecimento* da proteção penal.

Nesse diapasão, deve-se ressaltar que, mesmo que a Constituição Federal não ofereça soluções categóricas sobre os limites, nem sobre os objetivos da sanção punitiva estatal, ela cria um marco de valores para a decisão político-criminal. Assim, o princípio da legalidade insculpido no inciso XXXIX do art. 5º da Norma Fundamental, ao dispor que não há crime sem lei anterior que o defina, nem pena sem prévia cominação legal, não transfere ao legislador ordinário uma ilimitada liberdade para fixar os conceitos de crime e de sanção penal (Feldens, 2005).

Isso porque, segundo Mir Puig (1994), a pena é um dos instrumentos mais característicos com que conta o Estado para impor suas normas jurídicas, e a função da pena depende da função atribuída ao Estado. Portanto, em um Estado Democrático de Direito, dito modelo de Estado deve ser considerado enquanto princípio valorativo supremo que deve orientar toda a elaboração do Direito Penal.

Nesse sentido, assevera Feldens (2005, p. 43) que

> em um modelo de Estado constitucional de Direito a exemplo do nosso (Estado Social e Democrático de Direito), a ciência jurídico-penal (aqui entendidas, essencialmente, a política criminal e a dogmática jurídico-penal) não desfruta de *existência autônoma* em face da Constituição, senão que tem por ela definidos tanto os limites quanto os fundamentos de sua estruturação. Dito de outro modo: a dogmática jurídica e a política criminal não podem estruturar-se de forma divorciada da Constituição, a qual predispõe-se a definir os marcos no interior dos quais haverão de desenvolver-se tais atividades político-intelectivas.

Dentro deste marco de valores o princípio da proporcionalidade, a regra de ponderação de interesses como fundamento legitimador da decisão de sacrificar direitos fundamentais no lugar de objetivos sociais, é uma regra fundamental. E o princípio da proporcionalidade no âmbito penal supõe desenvolver os subprincípios de adequação, necessidade e proporcionalidade estrita da intervenção. Como princípio geral de todo o ordenamento jurídico, o princípio da proporcionalidade implica o princípio de subsidiariedade da intervenção penal, a utilização da pena como última razão e, portanto, a utilização privilegiada de outros instrumentos de prevenção menos lesivos aos direitos fundamentais em detrimento do recurso às penas. Ou seja, a utilização de sanção penal somente se justifica quando se trata de proteção de bens jurídicos importantes e da prevenção de danos sociais (adequação e necessidade da intervenção), na quantificação necessária para dita prevenção (Zúñiga Rodríquez, 2009).

No que diz respeito à aferição da adequação da tutela jurídico-penal, deve-se verificar se ela não é constitucionalmente ilegítima, o que implica uma investigação dos seguintes fatores: os bens ou interesses aos quais se busca proteção não devem estar constitucionalmente proscritos nem devem ser irrelevantes do ponto de vista social (Mourullo, 2002).

No que diz respeito ao exame da necessidade, deve-se averiguar se a medida penal constitui o meio menos gravoso dentre os eficazes e disponíveis à obtenção do fim almejado, ou seja, "a intervenção penal (medida) será necessária se tal finalidade protetiva (fim) não poderia ser conquistada *com a mesma eficácia* recorrendo-se a uma medida alternativa menos restritiva (sanção civil ou administrativa)." (Feldens, 2005, p. 163). Segundo Mourullo (2002, p. 73), a tutela penal "há de ser necesaria y proporcionada, lo que a la vista de la gravedad propia de la reacción penal, comporta que las conductas punibles deben ser graves y los bienes protegidos deben tener cierta transcendência individual o social".

Por fim, no que pertine ao exame da proporcionalidade estrita da intervenção, deve-se investigar se "a pena não é desproporcional em seu sentido estrito, que é o que sucede quando se detecta um desequilíbrio patente e excessivo entre a sanção e a finalidade da norma, considerado, no particular, o bem atingido em face de sua incidência." (Feldens, 2005, p. 166). Dito juízo de proporcionalidade radica, portanto, "en el exceso derivado de la comparación directa de la pena con la lesividad de la conducta." (Mourullo, 2002, p. 74).

Em síntese, Callegari (2007, p. 62) afirma que o princípio da proporcionalidade visa a "não aplicar um preço excessivo para obter um benefício inferior: se se trata de obter o máximo de liberdade, não poderão prever-se penas que resultem desproporcionais com a gravidade da conduta". Dessa forma, e ainda de acordo com o referido autor (2007), o princípio da proporcionalidade implica, primeiramente, a ponderação sobre a rentabilidade da intervenção do Direito Penal para a tutela do bem jurídico. É preciso aferir se o bem jurídico tem suficiente relevância para justificar uma ameaça de privação de liberdade em geral e uma limitação efetiva no caso de imposição da pena. Em segundo lugar, implica a aferição da gravidade da conduta delitiva, ou seja, o grau de lesão efetiva ou perigo sofrido pelo bem jurídico protegido, uma vez que um ataque/lesão ínfimo a ele não pode justificar a intervenção do direito punitivo.

Tal ponderação decorre da compreensão de que as normas penais só encontram legitimação na medida em que geram mais liberdade do que a que sacrificam (Callegari, 2007), razão pela qual, em um Estado Democrático de Direito, a seleção de respostas, instrumentos, e estratégias para prevenção do fenômeno criminal, incluindo a intervenção do sistema punitivo, deve ser pautada em um cálculo de custos e benefícios sociais (Baratta, 2000). Em outras palavras, isso significa que em um Estado Democrático de Direito todas as limitações à liberdade individual devem ser legitimadas por seus benefícios sociais (Zúñiga Rodríguez, 2001).

A esse propósito, Mourullo (2002, p. 74) afirma que

> el principio de proporcionalidad orienta hacia el ordenamiento jurídico-penal la vigencia del valor "libertad" entendido genéricamente como autonomía personal. Si tal autonomía se constituye, si no el principal, en uno de los ejes axiológicos fundamentales del sistema democrático de organización y de convivencia social, resultará que las normas penales, en cuanto singularmente restrictivas de la libertad, sólo encontrarán legitimación en su funcionalidad para generar más libertad de la que sacrifican. En otro caso las calificaremos de normas injustificadas por desproporcionadas. Tal desproporción podrá provenir, por de pronto, de la falta de necesidad de la pena, en el sentido de que una pena menor o una medida no punitiva pueden alcanzar los mismos fines de protección con similar eficacia. Estamos ante el tradicional postulado liberal de *ultima ratio legis*, en ocasiones denominado también de intervención mínima. Por la dureza de sus recursos, que suponen la privación o restricción de los más preciados bienes del individuo (vida, libertad, honores, derechos profesionales), el Derecho Penal debe utilizarse siempre como el último remedio jurídico para la resolución del conflicto que representa el comportamiento antijurídico.

O princípio da proporcionalidade no campo penal, assim, assume, de acordo com Feldens (2005), uma dupla face no que diz respeito à proteção dos direitos fundamentais em um Estado Democrático de Direito. Por um lado, em seu viés de garantia contra o arbítrio, o referido princípio funciona como uma proibição de excesso por parte do Estado. Mas por outro lado, partindo-se da consideração de que existem zonas de danosidade que exigem a presença do Direito Penal, bem como de que, como salienta Mir Puig (1994, p. 37), "el Derecho penal de um Estado social y democrático no puede [...] renunciar a la misión de incidência activa en la lucha contra la delincuencia, sino que debe conducirla por y para los ciudadanos", o princípio em comento atua como proteção contra omissões estatais, como proibição de proteção deficiente. Nesse sentido,

> o espaço de atuação do legislador estaria estreitado por dois limites: pela proibição da proteção excessiva em prol do indivíduo restringido na sua liberdade, bem como pela proibição da proteção deficiente em prol do indivíduo a ser tutelado, sendo que se deve extrair da proibição da proteção excessiva a medida máxima, e da proibição da proteção deficiente a medida mínima da atuação legislativa, centrando-se a zona de discricionariedade do Poder Legislativo entre a medida mínima e a medida máxima. (Feldens, 2005, p. 110).

Afinal, é ínsito ao Estado Democrático de Direito a existência, em prol dos cidadãos, de mecanismos aptos a resguardarem-nos de toda e qualquer ação arbitrária ou abusiva por parte do Estado, haja vista que o respeito aos direitos fundamentais do ser humano é, nesta ótica, o pressuposto central da intervenção penal. E a existência de um sistema de direitos fundamentais individuais e coletivos é um dos traços característicos do Estado Democrático de Direito brasileiro.

Como destaca Zúñiga Rodríguez (2001), em um Estado Democrático de Direito, a finalidade geral da política criminal é a realização dos direitos fundamentais, quer dizer, parte-se de uma consideração do Estado Democrático de Direito e dos direitos fundamentais que o sustentam como "princípios guia" a partir dos quais se legitima a coerção dos poderes públicos e toda a sua ação pública, portanto, todas as suas atuações políticas e jurídicas. Assim, na ótica da referida autora (2001, p. 25),

> el constitucionalismo moderno, en el que finalmente hacen su ingreso los postulados materiales del respeto a los derechos fundamentales, posee um valor *per se* como conjunto de normas sustanciales dirigidas a garantizar el control de los poderes públicos, principalmente la producción legislativa que debe respetar esa legalidad sustancial.

Relativamente ao Direito Penal de garantias Zaffaroni (2007, p. 173) destaca que ele

> é *inerente ao Estado de direito* porque as garantias processuais penais e as garantias penais não são mais do que resultado da experiência de contenção acumulada secularmente e constituem a essência da cápsula que encerra o Estado de polícia, ou seja, *são o próprio Estado de direito*. O direito penal de um Estado

de direito, por conseguinte, não pode deixar de esforçar-se em manter e aperfeiçoar as garantias dos cidadãos como limites redutores das pulsões do Estado de polícia, sob pena de perder sua essência e seu conteúdo.[68]

Portanto, em um Estado Democrático de Direito, deve-se evitar que o Direito Penal converta-se em um fim em si mesmo ou ao serviço de interesses que não sejam convenientes para a maioria dos cidadãos, ou, ainda, que desconheça os limites que devem ser respeitados em face das minorias e de todos os indivíduos. O exercício do poder punitivo em um Estado Democrático de Direito, assim, não pode desconsiderar as garantias próprias do Estado de Direito e, ao mesmo tempo, deve incluir em sua atuação novas tarefas que ultrapassam as garantias meramente formais e assegurem, dessa forma, um serviço *real* a todos os cidadãos (Mir Puig, 1994).

Destarte, não obstante o processo de desvirtuamento do Direito Penal pátrio do modelo de intervenção penal mínima consubstanciado na Constituição Federal, tem-se que uma das características do Estado Democrático de Direito é justamente o seu caráter de instrumento de transformação do *status quo* da sociedade, por meio da redução das diferenças sociais, realizando a justiça social através de normas fixadas em uma Constituição na qual prevalece o interesse da maioria. Isso quer dizer que o Estado Democrático de Direito, mantendo intangível a sua ligação com o Direito, preocupa-se, além disso, com a "consistência efetiva" dos direitos, liberdades e garantias da pessoa (Feldens, 2005, p. 42).

E é justamente essa característica do Estado Democrático de Direito que transforma a Constituição Federal brasileira, não em uma mera "carta de intenções" composta tão somente por normas programáticas. Pelo contrário, a Constituição constitui um hábil instrumento para a construção de uma sociedade mais justa e igualitária que, justamente em virtude disso, prescinde de um Direito Penal máximo cuja função precípua, como se ressaltou no decorrer deste trabalho, é o controle das classes menos favorecidas ao sabor do arbítrio do poderio econômico.

---

[68] Na ótica de Zaffaroni (2007, p. 173), em um Estado Democrático de Direito, qualquer referência a um Direito Penal garantista configura uma *redundância grosseira*, porque nele não pode haver outro direito penal senão o de *garantias*, de modo que se supõe que todo penalista, nesse marco, é *partidário das garantias*, isto é, *garantista*.

A esse respeito, Streck (2008b, p. 286) salienta que a Constituição ainda possui força normativa, não configurando apenas uma "simples ferramenta" e, tampouco, uma "terceira coisa que se 'interpõe' entre o Estado e a Sociedade". Nesse aspecto, a Constituição, "além de ser o elo conteudístico que une 'política e direito' em um determinado Estado", configura também um "(eficiente) remédio contra maiorias, circunstância que, de modo algum, coloca um abismo entre democracia e constitucionalismo". Dessa forma, "ao se constituir em remédio contra maiorias (eventuais ou não), tem-se que a Constituição traz ínsito um núcleo político que somente pode ser extirpado a partir de uma ruptura institucional".

Tal compreensão decorre do fato de que, para o referido autor (2008a; 2008b), em países como o Brasil, onde ainda não foram esgotadas as promessas da modernidade, onde houve apenas um "simulacro de modernidade", deve-se defender a ideia de uma Constituição Dirigente e Compromissária, como forma de preenchimento desse *déficit* histórico. Nesse sentido, a Constituição deve assumir e materializar as condições para o resgate das promessas da modernidade, instituindo um espaço público plural e democrático.

Indubitavelmente, a Constituição tem um papel fundamental a desempenhar enquanto instituidora de direitos fundamentais e condição de possibilidade para um agir estatal rumo à efetivação desses direitos. Nesse quadro, não se pode olvidar que, de acordo com o texto constitucional, os princípios da igualdade e da dignidade humana são instituídos como fundamentos da República (art. 1º, incisos II e III e art. 5º, *caput*) e, dentre os objetivos fundamentais desta, encontra-se a construção de uma sociedade livre, justa e solidária, comprometida com a erradicação da pobreza e da marginalização, bem como com a redução das desigualdades sociais e regionais, a fim de que se promova o bem comum, sem qualquer tipo de preconceitos ou de discriminação (art. 3º, incisos I, III e IV).

Nesse sentido, tem-se como questão fundamental a ser enfrentada pelo Estado brasileiro a incorporação efetiva da igualdade na realidade social do país, por meio de políticas sociais que assegurem a todos cidadãos condições mínimas para uma existência digna (bem comum). Afinal, esta é a proposta da Constituição Federal (dirigente): a construção de uma sociedade isonômica. Nela, justamente em virtude da igualdade substancial de todos, um modelo de Direito Penal mínimo é o único que se justifica, eis que, uma vez identificadas e sanadas as origens sociais da criminalidade, a intervenção penal se justificaria somente em casos extremos, quais sejam, os casos de fracasso das políticas sociais.

Como assevera Baratta (2000, p. 43), "el derecho penal mínimo, el derecho penal de la Constitución, no és solo el programa de un derecho penal más justo y más eficaz, es también un gran programa de justicia social y de pacificación de los conflictos". Portanto, na ótica do referido autor (2000, p. 45),

> no se trata solamente de diseñar un derecho penal de la Constitución, sino de redefinir la política pública, a la luz del proyecto constitucional, como política de ejercicio efectivo y de protección integral de los derechos fundamentales. La tarea que deberíamos cumplir, tiene como objetivo garantizar autonomia y centralidad a todos los derechos fundamentales que están em juego en una concepción amplia de política criminal, colocando, sin embargo entre parênteses u, olvidando por cierto tiempo, por puras finalidades metodológicas, la importancia de su protección penal. Podríamos asumir entretanto, que una política de justicia social y de igualdad, puede tener un efecto positivo sobre el control de la criminalidad y los procesos de criminalización independientemente de las intervenciones del derecho penal.[69]

Além disso, tem-se que a garantia dos direitos fundamentais, por meio da sanção de anulabilidade dos atos inválidos – seja das leis, por violação às normas constitucionais, seja dos atos administrativos e/ou judiciais por violação às leis constitucionalmente válidas – é imprescindível para se conferir legitimidade ao sistema punitivo no Estado Democrático de Direito (Copetti, 2000).

Referendando essa ideia, Zúñiga Rodríguez (2001, p. 25) salienta que:

---

[69] Segundo Baratta (2000, p. 47), "'olvidando' los delitos y las penas, podremos pues asegurar en el ámbito de la política integral de los derechos humanos, un espacio específico a la política del derecho penal. Cuando sustituyamos la política criminal por una política integral de protección de los derechos, la política del derecho penal podrá – aunque en el modo residual y subsidiário que prescribe la Constitución – ser parte integrantte de Ella". Para o referido autor (2000, p. 47), "el derecho penal de la Constitución vive hoy la misma condición que el derecho penal del Iluminismo vivió en su tiempo: él debe limitar y regular la pena, pero para que el derecho penal de la Constitución no tenga la misma suerte del derecho penal liberal, permaneciendo en gran parte en la mente de sus ideólogos, es necesario que reencuentre una dimensión política fuerte y auténtica. Esto solo será posible si se incorpora en uma política integral de protección de los derechos fundamentales".

> La estricta legalidad o legalidad material, condicionada por los vínculos de contenido que le impone los derechos fundamentales, se presenta así como el baremo para distinguir entre un Derecho vigente, pero inválido, entre un Derecho que "es" pero que no respeta el "deber ser", entre legitimidad formal y legitimidad material o sustancial, entre la racionalidad formal y la racionalidad material de las normas jurídicas y de la actuación política que respeta esa legalidad.

Trata-se, em última instância, da preservação da Constituição em detrimento de qualquer outro produto legislativo que lhe seja contrário, sendo que esta aferição de conformidade constitucional pode ser analisada sob uma dupla perspectiva, que passa pela dissociação dos atributos *vigência* e *validade* da norma. Quer dizer, a lei, enquanto ato dotado de significação jurídica, não mais depende unicamente das regras procedimentais relativas à sua criação (vigência), mas também da necessária submissão ao conteúdo material decorrente da Constituição (validade). Isso decorre do fato de que "o constitucionalismo, em sua feição atual, tem sua normatividade densificada à base de princípios e diretrizes substanciais dirigidas ao legislador, não mais podendo conviver com uma concepção de Direito em que a vontade do legislador careça de limites." (Feldens, 2005, p. 33).[70]

De acordo com Feldens (2005, p. 34),

> dissociando os atributos de vigência (*validez formal*) e validade (*validez substancial*) da lei, o modelo – ou sistema – garantista (neoconstitucionalista) toma por promover uma substancial alteração à teoria do Direito preconizada pelo juspositivismo clássico. Assenta-se a inovação (mudança de paradigma) na própria estrutura da legalidade, fazendo valer que a edificação do direito positivo encontra vínculos não só quanto à *forma* (aspecto formal) de produção (relação de existência), mas, com igual intensidade, quanto ao *conteúdo* (aspecto substancial) produzido (relação de validade). Daí decorre a idéia da Constituição como fundamento não apenas de *existência* (vigência), mas também de *validade* da lei, a qual, por tudo quanto se tem dito, há de vincular-se formal e materialmente àquela; é dizer,

---

[70] Nesse mesmo sentido, Zúñiga Rodríguez (2001, p. 56) salienta que "la interpretación conforme a la Constitución es un imperativo legal y ético, dando pautas materiales al legislador para actuar legítimamente, promulgando normas con validez material, esto es con el respeto de la legalidad material de consideración de los derechos fundamentales. Aquí entra em juego el *principio de legalidad* como uno de los principios generales del Estado de Derecho, sometimiento de los poderes públicos a la ley y al Derecho, pero no en su consideración formal de sometimiento a un sistema de promulgación reglado, sino en su *carácter sustancial* de respeto a los principios y derechos fundamentales contenidos en la Constitución".

um controle não apenas quanto à forma, mas também quanto ao conteúdo do produto legislativo.

De fato, compreender a Constituição como norma fundamental que constitui o valor de referência de um programa de política criminal supõe redescobrir seu significado como conjunto de normas substanciais dirigidas à garantia da divisão dos poderes e dos direitos fundamentais de todos, quer dizer, os dois princípios que são negados em um ambiente de Estado absoluto. Assim, a legitimidade do Estado, tanto no que diz respeito à sua política social quanto no que se refere à sua política criminal, não se produz somente pela mera legalidade, mas também está condicionada pela "estrita legalidade", a qual, por sua vez, é motivada pelo conteúdo respeitoso aos direitos fundamentais (Zúñiga Rodríguez, 2001, p. 52).

Tendo como eixo os direitos fundamentais e dotando-os de racionalidade para a crítica e controle do Direito e do exercício dos poderes públicos, a legitimidade substancial transforma-se em um instrumento para que o jurista cumpra com seu trabalho crítico, o juiz realize sua tarefa de controle da legalidade e o político exercite sua tarefa legislativa e de organização da sociedade dentro deste parâmetro de legitimidade (Zúñiga Rodríguez, 2001). Isso quer dizer que "o dever de aplicação da lei só se verifica quando esta, contrastada formal e materialmente com a Constituição, se verifique válida." (Feldens, 2005, p. 37).

Com isso, o caráter imperativo dos direitos fundamentais como valores superiores do Estado constitucionalmente admitidos implica o reconhecimento de sua normatividade jurídica e de sua qualidade prescritiva ética, ou seja, como contexto fundamentador básico de interpretação de todo o ordenamento jurídico, verdadeiros "postulados-guias" orientadores de uma hermenêutica evolutiva da Constituição, e critério de legitimidade da diversas manifestações de legalidade. Portanto, qualquer intento de interpretação e de construção jurídica, assim como de atuação política, deverá mover-se dentro dos confins desse modelo de Estado constitucionalmente presidido pelos direitos fundamentais (Zúñiga Rodríguez, 2001).

Daí a necessidade de se efetuar uma "filtragem constitucional" do Direito Penal pátrio, de forma a permitir que sejam consideradas válidas tão somente aquelas normas que possuem fundamentação antropológica e que, em decorrência disso, priorizem a vida e a dignidade da pessoa humana, ensejando, assim, uma atuação racional do sistema punitivo. Certamente, apenas a partir da implementação de um modelo de Direito Penal mínimo e garantista, comprometido com a promoção dos direitos fundamentais constitucionalmente assegurados, é que se poderá reduzir o alto grau de arbitrariedade, desigualdade e seletividade que marcam historicamente o sistema punitivo no Brasil, reforçando a cápsula de contenção do Estado de polícia no seio do Estado Democrático de Direito.

## Considerações finais

Tornou-se senso comum no debate jurídico-penal contemporâneo a preocupação com o enfrentamento aos riscos representados pelas novas formas assumidas pela criminalidade. Os atentados terroristas ocorridos em grandes centros urbanos nos albores deste novo século – a exemplo dos perpetrados em Nova Iorque em 11 de setembro de 2001 – deflagraram sinais de alerta nas políticas de segurança dos mais diversos países, suscitando a discussão sobre a capacidade dos poderes públicos em dar respostas efetivas a esses problemas.

Nesse contexto, eleito como instrumento privilegiado de resposta, o Direito Penal passou a assumir o centro dos debates, notadamente no que diz respeito à necessidade de expansão do seu raio de intervenção, bem como da importância de se relegarem a segundo plano princípios e garantias que davam sustentação à teorização liberal do direito punitivo, em nome de uma maior eficiência no combate à macrocriminalidade. Quer dizer, passou-se a estabelecer uma relação diametralmente oposta entre garantias e segurança, sustentando-se a tese de que o endurecimento das leis e medidas punitivas é imprescindível para aumentar a segurança dos cidadãos, ainda que à custa do sacrifício dos direitos humanos e das garantias penais e processuais dos acusados pela prática de delitos que colocam em risco a população como um todo.

Portanto, torna-se possível a afirmação de que os conceitos de "risco" e de "expansão" ocupam o centro do processo de "modernização" do Direito Penal, expressando a ideia de que a atenção à nova realidade delitiva perpassa pela ampliação do seu campo de atuação.

Isso fica evidenciado diante da constatação de que, na evolução atual das legislações penais do mundo ocidental, verifica-se o surgimento de múltiplas figuras típicas novas e, não raro, o surgimento de setores inteiros de regulação. Além disso, constata-se uma atividade de reforma dos tipos penais já existentes, no sentido de tornar mais severas as consequências da prática delitiva.

Tais "reformas" do Direito Penal são tributárias, em grande parte, da influência cada vez maior dos meios de comunicação de massa na fase de criação ou concepção legislativa, uma vez que os *mass media* não são somente *transmissores* de opiniões e impressões, mas também *delineadores* dos limites de determinados problemas e até mesmo *criadores* de certos problemas. Isso decorre do fato de que os casos mais dramáticos, por significarem mais audiência, são divulgados *ad nauseam*, formando uma opinião pública acerca do crime e da criminalidade lastreada em discursos falaciosos gerados a partir da apresentação de casos *sui generis* como se fossem corriqueiros.

E uma das chaves da compreensão desta forte vinculação entre mídia e sistema penal pode ser buscada justamente no comprometimento das empresas que exploram o negócio das telecomunicações com o empreendimento neoliberal, o que implica a criação de determinadas crenças e a consequente ocultação de informações que as desmintam. Nesse rumo, apresenta-se a pena como um rito sagrado de solução de conflitos, como panaceia universal, cujo efeito principal – lembra-nos Baratta (2000) – é o *exorcismo*.

Por outro lado, a constante exibição, na mídia, de imagens de agressões, roubos, assaltos, homicídios, etc, cria uma sensação difusa de medo e insegurança, fazendo com que a população, a partir de um processo de "importação" de discursos repressivistas gestados para atender a outros tipos de realidade social, aumente o clamor pelo recrudescimento da intervenção punitiva em nome de "mais segurança".

Isso reflete em uma pressão popular sobre os poderes públicos no sentido de que sejam buscadas soluções rápidas e eficientes para o problema da "sempre crescente criminalidade". E os poderes públicos, sabendo dos efeitos políticos positivos decorrentes do atendimento a essas demandas, respondem mediante promessas legislativas de intervenções penais mais duras e radicais e, não raro, verifica-se que os poderes públicos, inclusive, fomentam a criação de uma atmosfera de medo e insegurança em relação a determinados fatos, no intento de conseguir facilitar a aprovação de reformas legislativas ou impulsionar a população na demanda por leis mais duras.

Trata-se, em última instância, de uma utilização do Direito Penal enquanto "arma política", enquanto um "instrumento de comunicação" por meio do qual os poderes públicos deixam de se preocupar com o que pode ser *feito* de melhor para se preocupar com o pode ser *transmitido* de melhor, até porque, caso não admitam as demandas populares em prol do recrudescimento punitivo, correm o risco de perderem sua clientela eleitoral e/ou serem vistos como antiquados ou "fora de moda". Agindo de acordo com as demandas, os poderes públicos conseguem obter capital político por meio da demonstração exemplar da atividade da prática legislativa e da justiça penal.

Nesse contexto, o Direito Penal se expande e se rearma como resposta aos medos e inseguranças da população, assumindo algumas características principais que podem ser assim sintetizadas:

a) em decorrência do medo de tornar-se uma delas, verifica-se uma maior identificação da população com as vítimas da criminalidade; olvida-se, assim, do papel do Direito Penal como um instrumento de defesa dos cidadãos em face do arbítrio punitivo estatal para compreendê-lo como uma "Magna Carta da Vítima";

b) surge um crescente processo de *politização* do Direito Penal, a partir de uma concepção política da noção de segurança; isso representa uma simplificação do discurso político-criminal, que passa a oscilar ao sabor das demandas conjunturais midiáticas e populistas, em detrimento de programas sérios e efetivos de política criminal;

c) contata-se uma maior instrumentalização do Direito Penal no sentido de evitar que os riscos se convertam em situações concretas de perigo, ou seja, uma utilização do Direito Penal como instrumento preventivo em lugar de um Direito Penal que reacionava *a posteriori* contra um feito lesivo individualmente delimitado; assim, torna-se possível falar em uma gestão punitiva dos riscos em geral;

d) vislumbra-se uma crescente utilização, na elaboração legislativa, de estruturas típicas de mera atividade, ligadas aos delitos de perigo abstrato, em detrimento de estruturas que exigem um resultado material lesivo, como consequência da concepção do Direito Penal como instrumento de prevenção de riscos;

e) há um desapreço cada vez maior pelas formalidades e garantias penais e processuais penais características do Direito Penal liberal, que passam a ser consideradas como "obstáculos" à eficiência que se espera do sistema punitivo diante da insegurança que permeia as relações sociais na contemporaneidade.

Uma das teorizações mais polêmicas da contemporaneidade no sentido de legitimação de um modelo de Direito Penal assentado nas características acima referidas é a defendida pelo jurista alemão Günther Jakobs. Para ele, o combate efetivo da macrocriminalidade somente se viabiliza na medida em que haja uma diferenciação no trato daqueles que podem ser considerados – ainda que pratiquem eventualmente algum fato delituoso – como *cidadãos*, e aqueles que só podem ser enfrentados enquanto *inimigos* do Estado, pois das suas regras se afastaram definitivamente, como é o caso das pessoas pertencentes ao crime organizado.

Nessa perspectiva, defende-se que também devem existir duas formas de Direito Penal: um para ser aplicado especificamente aos cidadãos – marcado pelas garantias penais e processuais –, e outro para ser aplicado especificamente aos inimigos – no qual há uma extensa antecipação das proibições penais sem nenhuma redução da pena cominada, assim como uma grande restrição das garantias processuais características de um Estado Democrático de Direito. Isso porque, nesta perspectiva, os inimigos não podem ser tratados como pessoas, mas sim *combatidos* como não pessoas, pois o tipo de criminalidade por eles levada a cabo denota que não aceitam participar de uma sociedade civilizada.

A função do Direito Penal do inimigo, assim, é eliminar o perigo representado pelos indivíduos (não pessoas) que se encontram fora da ordem social estabelecida. Em virtude disso, é flagrante o fato de que tal espécie de Direito Penal não é passível de legitimação, pois nega a dignidade humana aos indivíduos considerados inimigos, desconsiderando o fato de que esta constitui um dado ontológico do ser humano e um dos princípios basilares da intervenção punitiva em um Estado Democrático de Direito.

Ademais, essa proposta teórica vem sendo energicamente refutada, uma vez que parte de uma concepção simbólica de Direito Penal, voltada tão somente para a manutenção da ordem social vigente por meio da criação, na população em geral, de um sentimento de "tranquilidade" em face dos riscos e inseguranças da contemporaneidade. Tal sentimento é transmitido através da inculcação, no imaginário popular, da existência de um legislador atento aos anseios por segurança e disposto a tudo – inclusive renunciar às garantias fundamentais do cidadão – na sua incessante luta contra os "inimigos".

O grande problema que se apresenta a partir da inserção do medo *no* Direito Penal e das transformações nele operadas em decorrência disso é que ela redunda na imposição do medo *do* Direito Penal. E isso decorre do fato de que, aliado ao simbolismo penal voltado ao combate à macrocriminalidade, o processo de expansão punitiva também abarca uma dimensão extremamente punitivista voltada à persecução dos "medos tradicionais". Quer dizer, paralelamente à preocupação com as novas formas assumidas pela criminalidade, assume relevância o surgimento de um discurso penal voltado à persecução da criminalidade "clássica" ou "tradicional" levada a cabo pelas camadas socialmente excluídas, o qual, influenciado pelos movimentos repressivistas de "lei e ordem", a partir da equivocidade de certos termos, trata como idênticas realidades que são na verdade bastante distintas.

Nesse sentido, o velho discurso punitivista é retomado para a persecução daqueles delitos que são considerados a dimensão não tecnológica da sociedade de risco (ou da incerteza), verificando-se, nesse rumo, uma tendência legislativa a se imporem sanções penais para condutas que, mesmo constituindo fatores de preocupação para a sociedade, não merecem respostas tão duras e desproporcionais por parte do ordenamento jurídico, não justificando, na maioria dos casos, a intervenção do Direito Penal.

E o principal problema que se apresenta nesse contexto é o fato de que, por meio de equiparações conceituais equivocadas e de "importações" de discursos repressivistas, busca-se na teorização do combate à macrocriminalidade elementos para justificar uma maior eficiência no combate à criminalidade tradicional. Quer dizer, passam a ser utilizados, no campo da persecução à criminalidade clássica, elementos extraídos do discurso jurídico-penal voltado ao combate às novas formas de criminalidade ínsitas à sociedade globalizada, notadamente no que diz respeito à flexibilização das garantias e liberdades fundamentais.

E essa "flexibilização" das garantias em face da intervenção do Direito Penal no que se refere à criminalidade tradicional pode ser compreendida a partir da constatação de que o processo expansivo do Direito Penal coincide com o esvaziamento do Estado social em face das reformas neoliberais. Nesse rumo, o exacerbamento punitivo voltado à criminalidade levada a cabo preferencialmente por membros dos grupos socialmente excluídos transforma o medo *do* Direito Penal em um hábil mecanismo de gestão/disciplinamento social.

Com efeito, de acordo com a lógica que preside as reformas neoliberais, o engajamento dos cidadãos na sociedade acontece na medida em que eles apresentam capacidade de serem *consumidores*, o que significa dizer que a capacidade de consumir se transforma no principal critério de integração ou exclusão social. Isso implica o surgimento de duas classes opostas: de um lado, os "produtores de risco"; de outro, os "consumidores de segurança". Assim, aos produtores de risco impõe-se a rudeza das leis penais, como forma de garantir os interesses dos consumidores de segurança.

O ressurgimento do punitivismo, portanto, parte de um discurso que sustenta tão somente a necessidade de fortalecimento do sistema punitivo, dado o entendimento de que a sua deslegitimação deriva do aumento da violência na sociedade contemporânea, fenômeno que é atribuído à forma condescendente com que determinados crimes são tratados pelo Estado. Parte-se, por conseguinte, da concepção de que mesmo a mais ínfima das contravenções penais deve ser perseguida implacavelmente, sob pena de se transmutar em um delito maior no futuro.

Assim, tais políticas transformam o sistema penal tão somente em um instrumento de criminalização dos estratos mais pobres da sociedade, os quais, pela sua condição socioeconômica e pelo tipo de criminalidade cometida, colocam em risco, aos olhos da classe detentora do poder econômico, a paz e a ordem social. Desta forma, a adoção destas políticas de cunho repressivista serve justamente para garantir a segurança daqueles que participam ativamente da sociedade de consumo, de forma a livrá-los da presença indesejável da pobreza que incomoda por ser inconveniente aos desígnios do capital.

Com isso, a política criminal passa a ocupar os espaços normalmente destinados a outras políticas disciplinares de controle social, sendo possível constatar uma substituição das políticas disciplinares inclusivas por meras práticas de exclusão e segregação baseadas quase que unicamente na intervenção do sistema penal. A mediação política nas relações sociais é substituída por um Direito Penal de emergência, e as questões sociais passam a ser tratadas como "questões de polícia". Em outras palavras: o Estado Penal é chamado a substituir o Estado Social.

No que diz respeito à realidade brasileira, dita substituição do *Welfare State* pelo Estado Penal é potenciada diante do fato de que no País as promessas da modernidade jamais se cumpriram, ou seja, viveu-se, aqui, um mero "simulacro de modernidade", como destaca Streck (2008a, 2008b). E, mesmo diante de um Estado historicamente cauíla em termos de bem-estar social, assiste-se a um enxugamento cada vez maior de seu raio de intervenção no que diz respeito à realização dos direitos sociais.

Cumpre ressaltar, nesse contexto, o papel desempenhado historicamente pelo medo enquanto importante mecanismo de contenção e disciplinamento da clientela "tradicional" do sistema punitivo brasileiro. Com efeito, as classes dominantes do Brasil sempre se utilizaram do medo como estratégia para derrotar as forças populares, associando-as ao caos e à desordem, o que fica claro a partir dos discursos que, sob influência do positivismo lombrosiano, justificaram, em *terrae brasilis*, um tratamento diferenciado por parte do sistema punitivo em relação às camadas subalternas da população.

A difusão do "medo branco" do caos e da desordem representada pela emancipação dos espólios da escravidão sempre serviu, no Brasil, para deflagrar estratégias de disciplinamento e controle das massas populares, uma vez que o tipo de ordenamento social introduzido pela escravidão em nossa formação socioeconômica, marcado por uma profunda hierarquização, não foi jamais superado, nem mesmo a partir da transição democrática após o longo período em que o País viveu sob a ditadura militar.

Uma fantasmagórica "insurreição negra" tem sido historicamente o grande "medo" das elites brasileiras. E talvez seja exatamente isso que justifique a "monotonia cromática" – na expressão de Flauzina (2008) – dos estratos perseguidos majoritariamente pelo sistema punitivo nacional – seja sob o rótulo de "capoeiras" no período Imperial, seja sob o rótulo de "vadios" no período da implantação da ordem burguesa no País, ou, ainda, sob a alcunha de "traficantes", na atualidade.

Ou seja, a hegemonia conservadora sempre trabalhou com a difusão do medo como indutor e justificador de políticas autoritárias de disciplinamento social. Quer dizer, o principal poder exercido pelo Direito Penal brasileiro, ao instrumentalizar o medo como estratégia de contenção das classes populares, é o poder de configuração/manutenção do modelo de ordenamento social preconizado pelas classes detentoras do poder econômico.

E essa difusão do medo é potenciada, na contemporaneidade, diante dos discursos repressivistas voltados à segurança diante dos novos riscos que se apresentam nesta realidade. Isso significa dizer que as medidas legislativas recrudescedoras da intervenção penal, encobertas sob o discurso da persecução ao narcotráfico e ao crime organizado, prestam-se, no Brasil, a tornar mais severas as consequências da prática delitiva para os setores subalternos da população. Daí os níveis crescentes de encarceramento desses estratos sociais, que passam a ser duplamente atingidos: por um lado, pela total privação de seus direitos sociais, que os leva, não raro, na luta pela sobrevivência, ao cometimento de delitos, precipuamente contra o patrimônio; por outro lado porque, ao cometerem delitos, são vítimas fáceis do sistema punitivo, sendo inclusive instrumentalizados no sentido de se demonstrar a imprescindibilidade do referido sistema à sociedade.

Ademais, enquanto se trabalha com a difusão dos medos, seja *no*, seja *do* Direito Penal, não se questionam questões nodais da sociedade brasileira, como a violência estrutural de uma sociedade escandalosamente desigual e rigidamente hierarquizada, historicamente marcada por uma clara distinção entre *pessoas* e *indivíduos* – consoante a teorização de DaMatta (1997).

No lugar da discussão dessas questões, a difusão do medo cria um ambiente propício tão somente para que se pugne por mais pena, por mais dureza na repressão penal e por menos garantias no combate aos indivíduos que ameaçam. Tem-se, em decorrência disso, o exacerbamento punitivo em nível normativo, com mais rigor nas penas e a quebra de garantias fundamentais, tendo por escopo legitimar a intervenção arbitrária e seletiva do sistema punitivo contra a sua clientela tradicional. Essa clientela é composta preferencialmente por grupos socialmente excluídos, em relação aos quais o medo se transforma em instrumento de gestão social, resultando daí a dimensão desumana do processo de expansão do Direito Penal no cenário brasileiro: ao passo em que se busca inspirar a confiança das classes detentoras do poder econômico, infunde-se terror aos setores populares.

Diante desse contexto, percebe-se um desvirtuamento da função a ser desempenhada pelo Direito Penal em um Estado Democrático de Direito, qual seja, funcionar enquanto cápsula de contenção do Estado de polícia, quer dizer, como mecanismo de contenção da guerra, e consequentemente, de civilização e submissão dos conflitos políticos e sociais a regras institucionais. Assim, a principal função a ser desempenhada pelo Direito Penal em um Estado Democrático de Direito é a de redução e contenção do poder punitivo, de forma a mantê-lo dentro dos limites menos irracionais possíveis, de forma a impedir a guerra e permitir que os conflitos sociais e políticos sejam resolvidos de forma não violenta.

Portanto, o Direito Penal deve estar a serviço da contenção das pulsões absolutistas do Estado de polícia, razão pela qual somente pode ser utilizado como *ultima ratio* para a proteção dos bens jurídicos mais relevantes, sendo que o respeito aos direitos fundamentais do ser humano é o pressuposto central da intervenção punitiva.

Nesse sentido, tem-se como questão fundamental a ser enfrentada pelo Estado brasileiro não a incrementação do Direito Penal, mas sim a incorporação efetiva da igualdade na realidade social do País. Essa igualdade alcança-se por meio da implementação de políticas sociais que assegurem a todos os cidadãos condições mínimas para uma existência digna, não se olvidando, portanto, da etiologia da criminalidade em um país profundamente marcado pela desigualdade social desde os primórdios da sua história.

Por outro lado, não se pode relegar a segundo plano a premência de se efetuar uma "filtragem constitucional" de toda a legislação penal ordinária vigente no Brasil, de forma a suprimir todo e qualquer dispositivo legal que afronte a Constituição Federal – haja vista que boa parte desta legislação, dada a influência das ideologias repressivistas ou das que concedem ao Direito Penal uma função meramente simbólica, somente se coaduna com modelos de intervenção penal máxima e, consequentemente, altamente lesivos aos direitos fundamentais do ser humano.

Outrossim, não pode passar despercebido o fato de que os objetivos aspirados pela Constituição brasileira não podem ser alcançados de forma imediata, mas sim a longo prazo, uma vez que pressupõem, antes de tudo, a superação dos óbices que lhes são opostos pela configuração atual da sociedade. Daí a importância de se falar, antes da reformulação do sistema penal, na reformulação da própria estrutura da sociedade brasileira, garantindo a todos os cidadãos condições dignas de existência.

Sem dúvida, somente em uma sociedade justa e igualitária é que um modelo de Direito Penal mínimo se justifica, uma vez que, identificadas e sanadas as origens sociais da criminalidade, a intervenção penal ocorre somente em casos extremos. Necessário se faz, portanto, derrubar o senso comum vigente de que a punição é a única solução para o problema da criminalidade, já que a política criminal não prescinde de políticas sociais e econômicas, enfim, de políticas de investimentos sociais. Isso significa dizer que somente um modelo integrado de Política Criminal, preocupado também com a vigência de uma política de desenvolvimento social e proteção integral dos direitos humanos, é que poderá conter a violência estrutural e a desigualdade, possibilitando o desenvolvimento humano.

# Referências

ALBRECHT, Peter-Alexis. El derecho penal en la intervencíon de la política populista. *La insostenible situación del Derecho Penal.* Granada: Comares, 2000, p. 471-487.

AMADO, Jorge. *Tenda dos milagres.* Rio de Janeiro: Record, 2001.

ANDRADE, Vera Regina Pereira de. *A ilusão de segurança jurídica:* do controle da violência à violência do controle penal. Porto Alegre: Livraria do Advogado, 1997.

APONTE, Alejandro. Derecho penal de enemigo vs. derecho penal del ciudadano. Günther Jakobs y los avatares de un derecho penal de la enemistad. *Revista Brasileira de Ciências Criminais.* São Paulo: Revista dos Tribunais, 2004. n. 51, p. 9-43.

BARATTA, Alessandro. Funciones instrumentales y simbólicas del Derecho Penal: una discusión en la perspectiva de la criminología crítica. *Pena y Estado:* la función simbólica del derecho penal. Barcelona: PPU, 1991, p. 37-55.

——. La política criminal y el derecho penal de la constitución: nuevas reflexiones sobre el modelo integrado de las ciencias penales. *Revista Brasileira de Ciências Criminais.* São Paulo: Revista dos Tribunais, 2000. n. 29, p. 27-52.

BATISTA, Nilo. *Mídia e Sistema Penal no Capitalismo Tardio.* Disponível em: <http://www.bocc.ubi.pt>. Acesso em: 08.01.2009.

——. Os sistemas penais brasileiros. In. ANDRADE, Vera Regina Pereira de (org.). *Verso e reverso do controle penal:* (des)aprisionando a sociedade da cultura punitiva. vol. 1. Florianópolis: Fundação Boiteaux, 2002, p. 147-158.

——. A violência do Estado e os aparelhos policiais. *Discursos sediciosos:* crime, direito e sociedade. Rio de Janeiro: Instituto Carioca de Criminologia, 1997a. n. 4, p. 145-154.

——. Política criminal com derramamento de sangue. *Revista Brasileira de Ciências Criminais.* São Paulo: Revista dos Tribunais, 1997b. n. 20.

BAUMAN, Zygmunt. *Globalização:* as conseqüências humanas. Rio de Janeiro: Jorge Zahar, 1999.

——. *Vidas desperdiçadas.* Rio de Janeiro: Jorge Zahar, 2005.

——. *Tempos líquidos.* Rio de Janeiro: Jorge Zahar, 2007.

——. *Medo líquido.* Rio de Janeiro: Jorge Zahar, 2008.

——. *Confiança e medo na cidade.* Rio de Janeiro: Jorge Zahar, 2009.

BECK, Ulrich. *La sociedad del riesgo:* hacia una nova modernidad. Trad. Jorge Navarro, Dabiel Jiménez e Maria Rosa Borrás. Barcelona: Paidós, 1998.

——. *La sociedade del riesgo global.* Trad. Jesús Alborés Rey. Madrid: Siglo XXI de España Editores, 2002.

BOLZAN DE MORAIS, José Luis. *Dos Direitos Sociais aos Interesses Transindividuais.* Porto Alegre: Livraria do Advogado, 1996.

BOURDIEU, Pierre. *Sobre a televisão.* Trad. Maria Lúcia Machado. Rio de Janeiro: Jorge Zahar Ed., 1997.

BRANDARIZ GARCÍA, José Ángel. Itinerarios de evolución del sistema penal como mecanismo de control social em las sociedades contemporâneas. In: CABANA, P. F.; BRANDARIZ GARCÍA, J. A.; PUENTE ABA, L. M. (org.). *Nuevos retos del derecho penal en la era de la globalización.* Valencia: Tirant lo blanch, 2004, p. 15-63.

CALLEGARI, André Luís. Direito Penal e Constituição: condições e possibilidades de uma adequada aplicação da pena. In. SANTOS, A. L. C.; STRECK, L. L.; ROCHA, L. S. (orgs.). *Constituição, sistemas sociais e hermenêutica.* Porto Alegre: Livraria do Advogado; São Leopoldo: UNISINOS, 2007. n. 3, p. 61-72.

——; MOTTA, Cristina Reindolff. Estado e política criminal: a expansão do Direito Penal como forma simbólica de controle social. In. CALLEGARI, André Luís (org). *Política Criminal, Estado e Democracia.* Rio de Janeiro: Lumen Juris, 2007, p. 1-22.

CARVALHO, José Murilo de. *Cidadania no Brasil:* o longo caminho. 4. ed. Rio de Janeiro: Civilização Brasileira, 2003.

CASTELLS, Manuel. *O poder da identidade.* Trad. Klauss Brandini Gerhardt. 2. ed. São Paulo: Paz e Terra, 2000.

CEPEDA, Ana Isabel Pérez. *La seguridad como fundamento de la deriva del derecho penal postmoderno.* Madrid: Iustel, 2007.

CHALHOUB, Sidney. *Trabalho, lar e botequim:* o cotidiano dos trabalhadores no Rio de Janeiro da belle époque. 2. ed. Campinas: UNICAMP, 2001.

——. *Cidade febril:* cortiços e epidemias na Corte Imperial. São Paulo: Companhia das Letras, 1996.

CHIRSTIE, Nills. *A indústria do controle do crime.* Trad. Luís Leiria. Rio de Janeiro: Forense, 1998.

COPETTI, André. *Direito Penal e Estado Democrático de Direito.* Porto Alegre: Livraria do Advogado, 2000.

CUEVA, Lorenzo Morillas. Teflexiones sobre el Derecho Penal del futuro. *Revista Electrónica de Ciencia Penal y Criminologia.* Disponível em: <http://criminet.ugr.es>. Acesso em: 22.01.2009.

DAMATTA, Roberto. *Carnavais, malandros e heróis:* para uma sociologia do dilema brasileiro. 6. ed. Rio de Janeiro: Rocco, 1997.

DAUNIS RODRÍGUEZ, Alberto Daunis. Seguridad, derechos humanos y garantías penales: ¿objetivos comunes o aspiraciones contrapuestas? In. GOMEZ DE LA TORRE, Ignacio Berdugo; SANZ MULAS, Nieves. *Derecho Penal de la Democracia vs Seguridad Pública.* Granada: Comares, 2005, p. 213-241.

DÍEZ RIPOLLÉS, José Luis. *La racionalidad de las leyes penales:* práctica y teoria. Madrid: Editorial Trotta, 2003.

——. *La política criminal en la encrucijada*. Buenos Aires: B de F, 2007.

——. El Derecho Penal simbólico y los efectos de la pena. *Boletín Mexicano de Derecho Comparado*. Disponível em <http://www.juridicas.unam.mx/publica/librev/rev/boletin/cont/103/art/art3.pdf>. Acesso em: 23.04.2008.

DORNELLES, João Ricardo W. *Conflito e segurança:* entre pombos e falcões. 2. ed. Rio de Janeiro: Lumen Juris, 2008.

ECO, Umberto. *Como se faz uma tese*. 14. ed. São Paulo: Perspectiva, 1997.

FARIA, José Eduardo. Direitos humanos e globalização econômica: notas para uma discussão. *Revista Estudos avançados*. Disponível em: <http://www.scielo.br/scielo>. Acesso em: 27.11.2006.

FELDENS, Luciano. *A constituição penal:* a dupla face da proporcionalidade no controle das normas penais. Porto Alegre: Livraria do Advogado, 2005.

FLAUZINA, Ana Luiza Pinheiro. *Corpo negro caído no chão:* o sistema penal e projeto genocida do Estado brasileiro. Rio de Janeiro: Contraponto, 2008.

FOUCAULT, Michel. *Vigiar e punir*. 5. ed. Trad. Ligia M. Pondé Vassallo. Petrópolis: Vozes, 1987.

——. *Os anormais:* curso no Collège de France (1974-1975). Trad. Eduardo Brandão. São Paulo: Martins Fontes, 2002.

GARAPON, Antoine. *Juez y democracia.* Trad. Manuel Escri-Vá. Barcelona: Flor de Viento Ediciones, 1997.

GARLAND, David. *La cultura del control:* crimen y orden social en la sociedad contemporánea. Trad. Máximo Sozzo. Barcelona: Gedisa, 2005.

GLASSNER, Barry. *Cultura do medo*. Trad. Laura Knapp. São Paulo: Francis, 2003.

GRECO, Luís. Sobre o chamado direito penal do inimigo. *Revista Brasileira de Ciências Criminais*. São Paulo: Revista dos Tribunais, 2005. n. 56, p. 80-112.

HASSEMER, Winfried. *Crítica al Derecho Penal de hoy:* norma, interpretación, procedimiento. Límites de la prisión preventiva. Trad. Patricia S. Ziffer. Buenos Aires: Ad-Hoc, 1995.

HOLANDA, Sérgio Buarque de. *Raízes do Brasil*. 26. ed. 28. reimpr. São Paulo: Companhia das Letras, 2007.

HULSMAN, Louk; CELIS, Jacqueline Bernat de. *Penas perdidas:* o sistema penal em questão. Trad. Maria Lúcia Karam. Niterói: LUAM, 1993.

JAKOBS, Günther. Direito penal do cidadão e direito penal do inimigo. In. CALLEGARI, André Luís; GIACOMOLLI, Nereu José (org. e trad.). *Direito penal do inimigo:* noções e críticas. 4. ed. atual. e ampl.. Porto Alegre: Livraria do Advogado, 2009, p. 19-70.

——. La pena estatal: significado y finalidad. In. LYNETT, Eduardo Montealegre (coord.). *Derecho Penal y sociedad:* estudios sobre las obras de Günther Jakobs y Claus Roxin, y sobre las estructuras modernas de la imputación. Tomo I. Bogotá: Universidad Externado de Colombia, 2007, p. 15-61.

JUSTIÇA. Direção: Maria Augusta Ramos. Produção: Luís Vidal, Niek Koppen, Jan de Ruiter e Renée Van der Grinten. Edição: Virgínia Flores, Maria Augusta Ramos e Joana Collier. [São Paulo: Mais Filmes], 2004. 2 DVD (100 min).

KRELL, Andreas J. *Direitos sociais e controle judicial no Brasil e na Alemanha:* os (des)caminhos de um Direito Constitucional "comparado". Porto Alegre: Sergio Antonio Fabris Editor, 2002.

LYNNETT, Eduardo Montealegre. Introdução à obra de Günther Jakobs. Trad. André Luís Callegari. In. CALLEGARI, André Luís; GIACOMOLLI, Nereu José (coord.). *Direito penal e funcionalismo.* Porto Alegre: Livraria do Advogado, 2005, p. 11-29.

MALAGUTI BATISTA, Vera. *O medo na cidade do Rio de Janeiro:* dois tempos de uma história. 2. ed. Rio de Janeiro: Revan, 2003a.

——. *Difíceis ganhos fáceis:* drogas e juventude pobre no Rio de Janeiro. 2. ed. Rio de Janeiro: Revan, 2003b.

——. Você tem medo de quê? *Revista Brasileira de Ciências Criminais.* São Paulo: Revista dos Tribunais, 2005. n. 53, p. 367-378.

MARTÍN, Luis Gracia. Consideraciones críticas sobre el actualmente denominado "Derecho penal del enemigo". *Revista Electrónica de Ciencia Penal y Criminologia.* Disponível em: <http://criminet.ugr.es/recpc>. Acesso em: 22.06.2006.

MEDINA, Juanjo. Inseguridad ciudadana, miedo al delito y policía en España. *Revista Electrónica de Ciencia Penal y Criminologia.* Disponível em: <http://criminet.ugr.es/recpc>. Acesso em: 21.03.2008.

MELIÁ, Manuel Cancio. "Direito Penal" do Inimigo? In. CALLEGARI, André Luís; GIACOMOLLI, Nereu José (org. e trad.). *Direito Penal do Inimigo:* noções e críticas. Porto Alegre: Livraria do Advogado, 2005a, p. 51-81.

——. O estado atual da política criminal e a ciência do Direito penal. Trad. Lúcia Kalil. In. CALLEGARI, André Luís; GIACOMOLLI, Nereu José (coord.). *Direito Penal e funcionalismo.* Porto Alegre: Livraria do Advogado, 2005b, p. 89-115.

MIR PUIG, Santiago. *El Derecho penal en el Estado social y democrático de derecho.* Barcelona: Ariel Derecho, 1994.

MOURULLO, Gonzalo Rodríguez. *Delito y pena en la jurisprudencia constitucional.* Madrid: Civitas, 2002.

MUÑOZ CONDE, Francisco. *Direito penal e controle social.* Trad. Cíntia Toledo Miranda Chaves. Rio de Janeiro: Forense, 2005.

NAVARRO, Susana Soto. La influencia de los medios em la percepción social de la delinquencia. *Revista Electrónica de Ciencia Penal y Criminologia.* Disponível em: <http://criminet.ugr.es/recpc>. Acesso em 18.02.2008.

NEDER, Gizlene. Em nome de Tânatos, aspectos do sistema penitenciário no Brasil. In. NEDER, Gizlene. *Violência e cidadania.* Porto Alegre: Sergio Antonio Fabris, 1994, p. 11-34.

——. *Discurso jurídico e ordem burguesa no Brasil.* Porto Alegre: Sergio Antonio Fabris, 1995.

——. *Iluminismo jurídico-penal luso-brasileiro:* obediência e submissão. 2. ed. Rio de Janeiro: Revan, 2007.

——. Cultura, poder e violência. *Revista Latinoamericana de Psicopatologia Fundamental.* São Paulo, 2009. n. 1, p. 17-30.

——; CERQUEIRA FILHO, Gisálio. *Criminologia e Poder Político:* sobre direitos, história e ideologia. Rio de Janeiro: Lumen Juris, 2006.

PAUL, Wolf. Megacriminalidad ecológica y derecho ambiental simbólico. *Pena y Estado:* la función simbólica del derecho penal. Barcelona: PPU, 1991, p. 111-122.

PRITTWITZ, Cornelius. O Direito Penal entre Direito Penal do Risco e Direito Penal do Inimigo: tendências atuais em direito penal e política criminal. *Revista Brasileira de Ciências Criminais.* São Paulo: Revista dos Tribunais, 2004. n. 47, p. 31-45.

SILVA SÁNCHEZ, Jesús-Maria. *La expansión del Derecho penal:* aspectos de la política criminal en las sociedades postindustriales. Madrid: Cuadernos Civitas, 1999.

SOARES, Luiz Eduardo; BATISTA, André; PIMENTEL, Rodrigo. *Elite da tropa.* Rio de Janeiro: Objetiva, 2006.

STRECK, Lenio Luiz. *Tribunal do júri:* símbolos e rituais. 3. ed. Porto Alegre: Livraria do Advogado, 1998.

———. *Hermenêutica jurídica e(m) crise:* uma exploração hermenêutica da construção do Direito. 8. ed. rev. e atual.. Porto Alegre: Livraria do Advogado, 2008a.

———. A Constituição (ainda) Dirigente e o direito fundamental à obtenção de respostas corretas. *Revista do Instituto de Hermenêutica Jurídica.* Porto Alegre: Instituto de Hermenêutica Jurídica, 2008b. n. 6, p. 273-311.

WACQUANT, Loïc. Crime e castigo nos Estados Unidos: de Nixon a Clinton. *Revista de Sociologia e Política.* Curitiba, 1999. n. 13, p. 39-50.

———. *As prisões da miséria.* Trad. André Telles. Rio de Janeiro: Jorge Zahar, 2001.

———. Sobre a "janela quebrada" e alguns outros contos sobre segurança vindos da América. *Revista Brasileira de Ciências Criminais.* São Paulo: Revista dos Tribunais, 2004. n. 46, p. 228-251.

———. *Punir os pobres:* a nova gestão da miséria nos Estados Unidos [A onda punitiva]. Trad. Sérgio Lamarão. 3. ed. rev. ampl. Rio de Janeiro: Revan, 2007.

WEBER, Max. *Economia y sociedad.* Trad. José Medina Echavarría e outros. 2. ed. 13. reimpr. México: Fondo de Cultura Económica, 1999.

ZAFFARONI, Eugenio Raúl. *Em busca das penas perdidas.* Trad. Vania Romano Pedrosa e Amir Lopez da Conceição. 5. ed. Rio de Janeiro: Revan, 2001.

———. *O inimigo no direito penal.* Trad. Sérgio Lamarão. Rio de Janeiro: Revan, 2007.

ZÚÑIGA RODRÍGUEZ, Laura. *Política criminal.* Madrid: Colex, 2001.

———. *Criminalidad organizada y sistema de Derecho penal.* Granada: Comares, 2009.

———. *Viejas y nuevas tendências políticocriminales en las legislaciones penales.* In. GOMEZ DE LA TORRE, Ignacio Berdugo; SANZ MULAS, Nieves. *Derecho Penal de la Democracia vs Seguridad Pública.* Granada: Comares, 2005, p. 99-129.

***Impressão:***
Evangraf
Rua Waldomiro Schapke, 77 - POA/RS
Fone: (51) 3336.2466 - (51) 3336.0422
E-mail: evangraf.adm@terra.com.br